Happiness The Science Behind Your Smile

幸福の意外な正体

Daniel Nettle
ダニエル・ネトル著
金森重樹監訳 山岡万里子訳

なぜ私たちは「幸せ」を求めるのか

きずな出版

本書を読んでいただく前に――
目からウロコの幸福学

金森重樹

本書は僕が幸福学について知るきっかけになった思い出深い一冊です。

25歳フリーターのときに1億2700万円という莫大な借金を負った僕は、その後10年かけて借金を完済。年収も300万円台だったものが1000万円、1億円、10億円と増えていきました。

ところがまったく幸福感は上がらない。

昔から道歌で「思うこと　一つ叶えばまた二つ　三つ四つ五つ　六つかし（難し）の世や」と歌われていますが、人は欲しいものが手に入るとそれだけでは満足せずに、また他のものが欲しくなります。

欲求は際限なく広がり、収入の増加によって一時的に幸福感が高まっても、人は短いあいだにその状態に慣れてしまい、時間がたつと元の幸福レベルに戻ってしまいます。お金で手に入れた幸福は儚(はかな)く、長続きしないということです。

狂歌に「楽しみは　後ろに柱　前に酒　左右に女　懐(ふところ)に金」がありますが、そんなものは実際に実現してしまうと快楽順応によってすぐに飽きてしまうよ、ということです。

本書の第3章の「どんな幸せも「あたりまえ」になっていく」の項では、ブリックマンとキャンベルが提唱した「ヘドニックトレッドミル」が登場します。

収入が増えて本書でも出てくるロバート・H・フランクのいう「地位財」が生活にあふれかえっても決して幸せとはいえない状態から、僕は幸福感の本質について考え始めました。

その初期の段階で、本書の第3章「お金があれば幸せになれるのか」に出てくるリチャード・イースタリンの「イースタリン・パラドックス（幸せのパラドックス）」について知ることになりました。

【イースタリン・パラドックス】

お金は人の幸福にどのような影響を与えるのか。

リチャード・イースタリンという経済学者が1974年に発表した内容の概略は次の通りです。

(1) 一国の一時点での所得と幸福度には正の関係が見られる

所得が高いほど幸福度が高いという素直に理解できる内容ですね。

(2) 国際比較では所得と幸福度に関係があるとしても一国内の所得と幸福度ほど強くない

この国際比較の問題は、1人当たりの年間収入が1万5000ドルを超えるまでは所得の上昇と幸福に関連がありますが、その水準では人間の衣食住などの基本的な生存欲求が充足されない状況でストレスが大きいですから、これを取り除くだけで幸福感に上昇が見られるというのは素直に理解できる内容です。

しかし、今日の先進国では住むところも食べるものもない状況ではなく、それなりに雨露はしのげて、餓死(がし)しない程度の何らかの食べるものはありますので、お金と幸福の関係は弱くなるということです。

（3）一国の時系列で見ると、国全体が豊かになっても幸福度は変わらない

これがイースタリン・パラドックス（イースタリンの逆説）です。パラドックスの原因と考えられるものは後述します。

（4）所得がある一定水準以上に上がると幸福度との相関が見られなくなる

これもイースタリン・パラドックスの内容で、飽和点の存在を示すものです。

この幸福度というのは、厳密には幸福感と生活満足度とその他いくつかの要素に分けて考えなければいけないと思いますが、気になるのは（3）の「一国の時系列で見ると、国全体が豊かになっても幸福度は変わらない」というパラドックスの原因は何なのかということです。

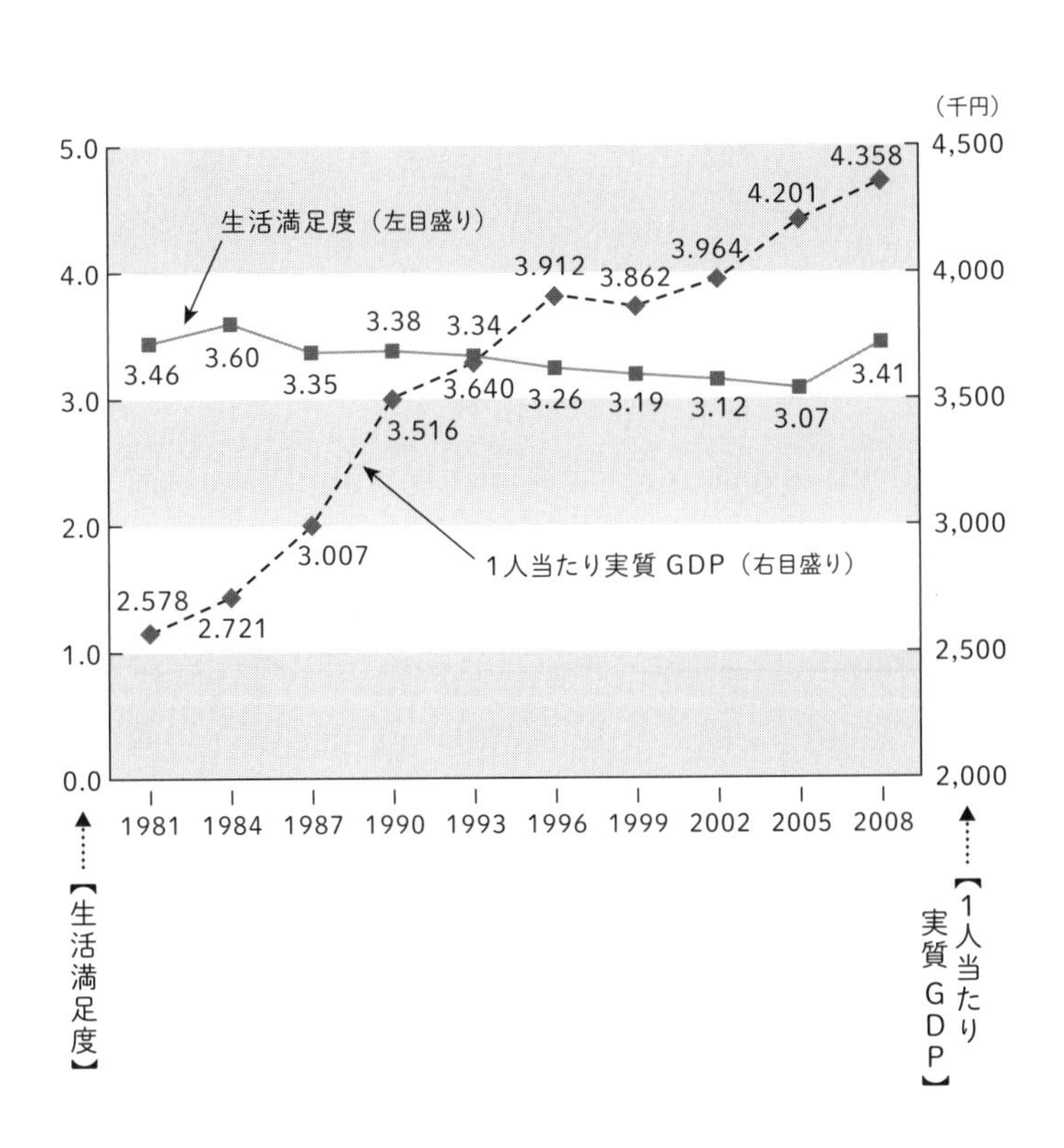

▶図1　生活満足度および1人当たり実質GDPの推移

(プレジデントオンライン[「人より金持ちでいたい人」は、富裕層はムリ]より)

出典：内閣府「国民生活選考度調査」より。

1人当たり実質GDPは各年の実質GDPを総人口で除して算出。

GDPは支出（消費や投資）の合計でもあり、分配（所得）の合計。

国民全員が豊かになったのでは生活満足度は上がらないということです。

これについて、イースタリンは「一国のある時点での社会には一種の消費規範が存在し、その規範よりも上の消費水準の場合は幸福感を感じるが、規範よりも下の場合には、不幸せに感じる」と説明しています。

興味深いのは、その消費規範はその国が経済発展している場合には時間とともに上昇していくということ。すると全員の所得が上がっても、消費規範も同時に上がっているため、幸福度は変わらない。完全なパラドックスですが、僕流に解釈するとこうです。

「人はお金持ちになりたいのではなく、他人よりお金持ちでいたいだけだ」

イースタリンの調査以前の1949年に同じことを唱えていたのがハーバード大学の経済学者ジェームズ・デューゼンベリーでした。

デューゼンベリーによれば、個人の消費活動はその収入に左右されるだけでなく、周囲の人間と張り合おうとすることによっても影響を受ける（デモンストレーション効果）とのことです。

これについて経済学者のニック・ポータヴィーはこんな解説をしています。

「『貧乏であるということは、実際には相対的なものである』というデューゼンベリーの主張のほうが、このような（筆者注：どんなときにも金持ちはたいてい貧乏人よりも貯蓄率が高いのに、すべての国民が豊かになっても国全体の貯蓄率がそれにともなって上がらない）矛盾をうまく説明できる。貧乏人の貯蓄率が低いのは、もっと派手にお金を使っている人に追いつきたいという気持ちが強まるということだ。国民全体の収入がどんなに増えても、貧乏人が金持ちに追いつきたいという気持ちが持続するのなら貯蓄率が上がらないのも無理はない」

（『幸福の計算式』ニック・ポータヴィー著）

国全体が豊かになって、仮に戦後の日本のように平均所得が6倍になったとしても、絶対額としての所得に意味はないのです。

地位財の獲得のために、無理して労働時間を増やせば幸福度は失われます。この他人とのステータスの比較によって際限なく要求水準を上げていかなければならない現象について、経済学者のマティアス・ヴァンズビンガーは「ステータス・トレッドミル」と呼んでいます。

イースタリン・パラドックスの「（4）所得がある一定水準以上に上がると幸福度との相関が見られなくなる」について少し補足します。

本書第3章にある「その国に生まれて幸せか」の内容です。

図2は、「world values survey（世界価値観調査）」という世界の異なる国の人々の社会文化的・道徳的・宗教的・政治的な価値観を調査したものの結果の一部です。この調査は社会科学者によって継続的に行われている国際的なプロジェクトで、なかでも面白いのが「幸福と収入の国家間比較」のデータです。

縦軸は「主観的幸福」、横軸は「国民1人当たりのGDP」です。

これを見ると、1人当たりのGDPが「0」から「1万5000ドル」くらいまでのあいだは、収入が増加すると、急速に主観的幸福が増加していることがわかります。

「収入（の多さ）は日々の幸福感をもたらすのにほとんど影響はないが、悲しみのようなネガティブな感情を減らすのに役立つ」ということです。

本書で登場しますが、貧しい国々では基本的な衣食住や安全性に対する欲求が十分に満たされていないために、結果的にいろいろな悲しい事態に直面する機会が多くなるでしょう。

一方、年収が上がっていくと「衣食住や安全」が満たされることでネガティブな感情を引き

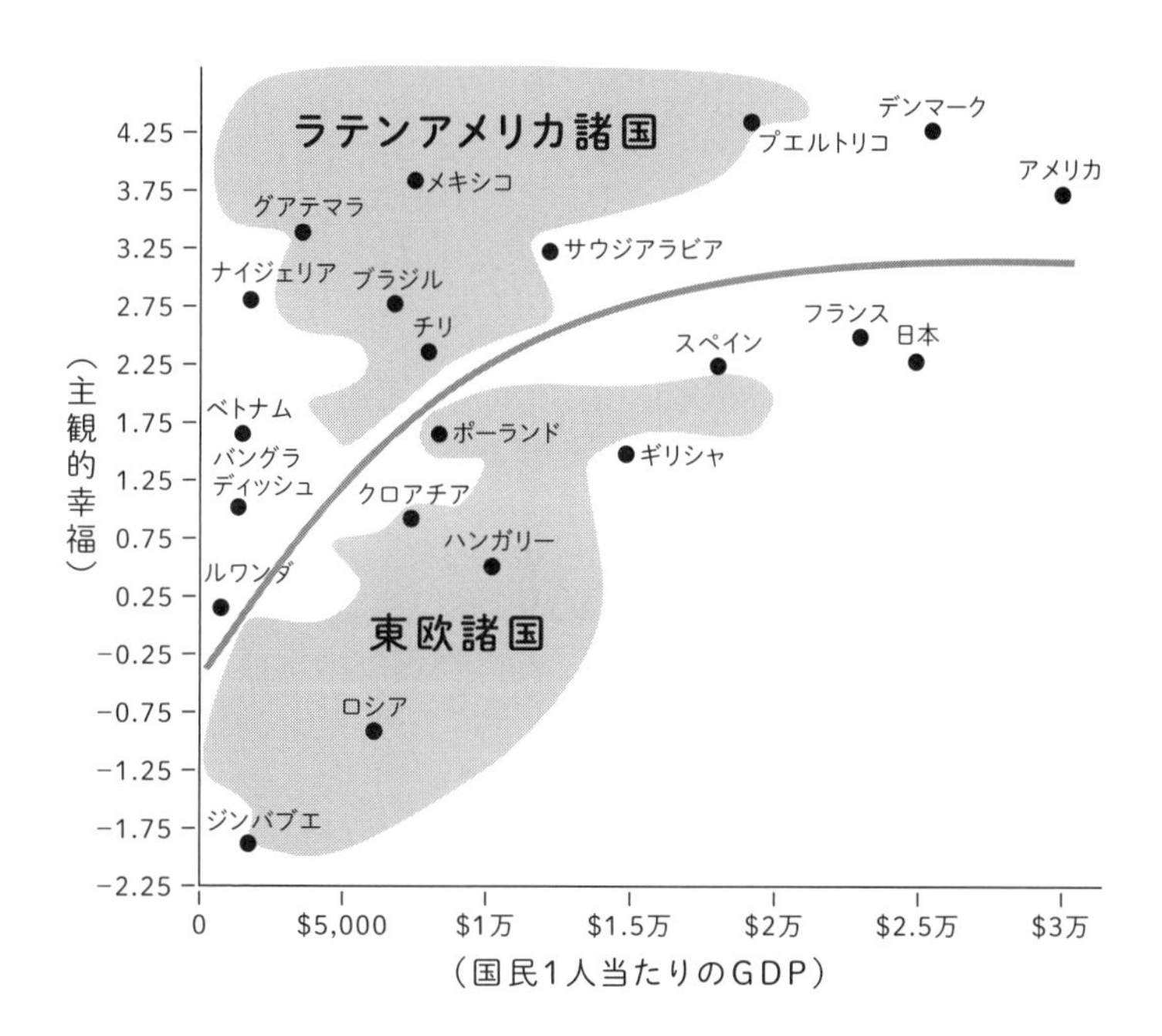

▶図2　収入が一定レベルまで達すると主観的幸福は停滞する

（プレジデントオンライン［年収10億 富裕層の結論「“ビンボー” が幸福を呼ぶ」］より）

出典：「world values survey」

起こす事態を回避・解決する方策もとれるようになります。それにともない、急速に主観的幸福も増加していきます。

たしかに、０から１万ドルまで１人当たりのＧＤＰが増加すると、主観的幸福の指標も大きく上昇しています。

しかし、収入が増加していけば、どこまでも主観的幸福が増加するかというと、これがそうではないのです。

もう一度グラフを見てください。１人当たりのＧＤＰが１万５０００ドル以降は、この上昇の傾きは緩やかになっていくのです。そして、同２万ドルを超えるあたりでは、傾きはほぼ水平になっているように見えます。主観的幸福は〝停滞〟するのです。

グラフを丁寧に見てみると、メキシコなど気候も温暖なラテン系の陽気な国々（グラフ左上）は、世界平均よりも主観的幸福が高い傾向にあります。それに対して、寒冷で長年、共産主義による締めつけのあった旧東欧諸国（グラフ左下）は平均よりも主観的幸福が低くなっています。つまり、主観的幸福は、１人当たりのＧＤＰ（収入）だけでなく、地理的・文化的・国民気質的な影響もかなりあるのです。

これについては、二つの考え方があります。

冒頭で触れたイースタリンの逆説は、国際比較で見て、所得がある一定の水準以上になると幸福度は頭打ちになる、としました（飽和点の存在）。

生活満足度に所得が与える効果は永遠に続くわけではなく、収穫逓減を示している。要するに、ある一定水準以上に所得が達した場合、それ以上は生活満足度が上がらないというものです。

この飽和点の仮説については、プリンストン大学名誉教授のダニエル・カーネマンも賛同し、次のように述べています。

「もうそれ以上は幸福感を味わえないという所得の閾値は、物価の高い地域では、年間所得ベースで約７万５０００ドルだった（物価の低い地域ではもうすこし少ないだろう）。この閾値を超えると、所得にともなう幸福感の増え方は、平均してゼロになる。所得が多ければ多いほど、好きなところへ旅行に行けるしオペラも見られるなど多くの楽しみを買える上、生活環境も改善できるのはまちがいないのだから、これは実に驚くべき結果といえる。なぜこうした追加的な快楽は、感情経験を高められないのだろうか。考えられる一つの解釈は、所得が増えるほど生活の小さな他の楽しみを味わう能力が減ってくるのではないか、ということである」

（『ファスト&スロー（下）』ダニエル・カーネマン著）

所得が低ければ小さな幸せを満喫できるが、所得が増えすぎると小さな幸せを感じるセンサーが鈍くなるのでしょうか。お金持ちはせっかくの幸せをスルーしてしまうという説です。

それとは反対に、こうした飽和点は存在しないという見解もあります。

ミシガン大学のジャスティン・ウォルファース教授とベッツィ・スティーブンソン准教授は、お金があればあるほどますます幸せになり、そこには飽和点はないとの主張です。

彼らは、富の増大の収穫逓減を示しているグラフで、収入を「絶対値」で表すのではなく、「対数」で表示した場合、曲線ではなく終点のない直線として上に伸びると述べています。

ただし、これは国民1人当たりのGDPでの国際比較データを元にしていますので、僕らが本当に知りたい、個人レベルで年収がすごく高くなった場合のデータを示すものではありません。

「飽和点が存在し、一定レベルまで所得が上がったら幸福度は上がらない」というイースタリンの逆説が正しければ、高所得者がどこまでも収入を増加させることをめざしても、さらなる幸福の増加には「まったく」あるいは「ほとんど」つながらないということになります。

また、対数で収入の値を表示した場合にどこまでも幸福感が伸びるとしても、現実的に所得を一定の水準を超えて指数的に伸ばし続ける人が世の中にいるかといえば、ほとんどいません。とすれば、いずれ幸福感はストップすることになります。

とすると両理論の結論は、実質的には「同じ」なのではないのかと感じます。

所得の増加が対数で示されるということは、年収１０００万円の人が年収1億円（10倍）になるのと同じだけの「幸福感の増加」を、年収1億円の人が感じようとすれば年収10億円（10倍）になる必要があるわけです。僕も年収10億の次の１００億の目盛りまで伸ばすだけの苦労は割に合わないと思いましたから。

高所得者が幸福を感じるためには、貧乏な人が幸福を感じるために必要なお金とは比較にならない莫大なお金が必要だということです。

……ということを踏まえた個人的な考えですが、幸福感が頭打ちにもかかわらず、なんとか生活満足度を1単位でも増加させるべく膨大な時間を使って高い所得を得ようと奮闘するよりも、むしろ限りある命を浪費しないことのほうが大切なのではないでしょうか。

そんなことで、少し幸福学を学び始めただけで、収入を増加させることで幸福度を上げる方向から「目先を変える」ことの大切さを知ることになりました。

それについては、本書第6章の「認知行動療法で気持ちを切り替える」で、いろいろな事例とともに、どうすれば目先を変えることができるのか、ネガティブな感情を減らすことができるのかの解説がされています。

所得が増えるほど生活の小さなほかの楽しみを味わう能力が減ってきます。

高所得の人とそうではない人では、同じ楽しみを経験しても感じ方が違うのでしょうか？ あるいは、資産が多い人とそうでない人では同じ楽しみを経験しても感じ方が違うのでしょうか？

僕は、お金に対する人間の感覚は絶対的なものではなく、すでに保有している資産によって感じ方の変わる相対的なものであると感じています。

ドイツの生理学者エルンスト・ウェーバーは１８３４年におもりを持ち上げる実験で、おもりの重さの変化を感じ取る感覚は、何グラム増えたかといった差ではなく、何倍になったかという比に依存していることを示しました。

これは、後に「ウェーバーの法則」といわれます。

【ウェーバーの法則】
弁別閾(べんべついき)（気づくことができる最小の刺激差）は、原刺激の値に比例している。
△R（弁別閾）／R（刺激量）＝K（定数）
（K＝ウェーバー比）

ある強さの感覚刺激を「R」とし、「△R」だけ強めるか弱めるかして変化させたときに初めて、その刺激の強度の相違が識別できたとします。この場合の「△R」を弁別閾値(べんべついきち)といいます。そして、「△R／R＝K（一定）」というこの法則は、重さ・音・明るさなど五感の多くで（中等度の強さの刺激に対して）成立します。

たとえば、重さのウェーバー比が0・02だとします。

指先に100グラムのおもりを載せ、1グラムずつ加えて重くしていって、何グラム加わったら「重くなった」と感じるかを調べます。

その場合、2グラム増えたときに重さの変化に気づくのに対して、最初の重さが200グラムのおもりだと2グラム増えただけでは重さの変化に気づきません。この場合、200グラムにウェーバー比の0・02をかけて4グラム追加しないと重さの変化に気づくことはないということです。

つまり、重さの変化は同じ2グラムの差であっても、最初に持っているおもりの重さによって感じ方が違うということです。また、弁別閾以下の数値が加わったとしても人にはその差が感じ取れないということです。

そして、お金の場合にもウェーバー比が一定だとすれば……。仮に1000万円の資産を持っている人にとって弁別閾が10万円だったとします。でも、10億円の資産を持っている人に、同じ10万円が増え、10億10万円になっても「お金が増えた」とはとても感じられないということです。仮にウェーバー比が0・01だとすると、10億円持っている人は1000万円お金が増えないと増えたと感じられないのです。

たしかに、外的なお金の増加は10万円という客観的な数値（購買力）で測ることができますが、それは誰にとっても同じ感じ方（金銭感覚）であるわけではなく、保有する資産が大きければ小さなお金の増加をうれしいと思うことはないということです。

大きな資産を持つ人にとっては、前出のカーネマンのいう「所得が増えるほど生活の小さな他の楽しみを味わう能力が減ってくるのではないか」ということが該当し、違いを感じるためにはより大きな資産の増加が必要だということになります。

ウェーバーの弟子のグスタフ・フェヒナーは、「ウェーバーの法則」から次の「フェヒナーの法則」を導き出しました。

【フェヒナーの法則】

感覚量は刺激強度の対数に比例する。

E（感覚量）＝K（定数）ｌｏｇR（刺激強度）

これをグラフにしてみると、表3（次頁）のようになります。

仮に、図3の「刺激強度」を所得とすると、所得が低いあいだは1単位の感覚量は少しの増加で急激に上がっていきますが、その後は1単位の感覚量の増加に膨大な収入の増加が必要になってきます。

所得1０００万円の人が所得1億円になったときに感じる感覚量の差を所得1億円の人が感じようとすると所得10億円になる必要があります。

◯強度（収入）が低いうちは感覚量（幸福度）は高まりやすいが、
強度（収入）が高くなると感覚量（幸福度）は高まりにくい

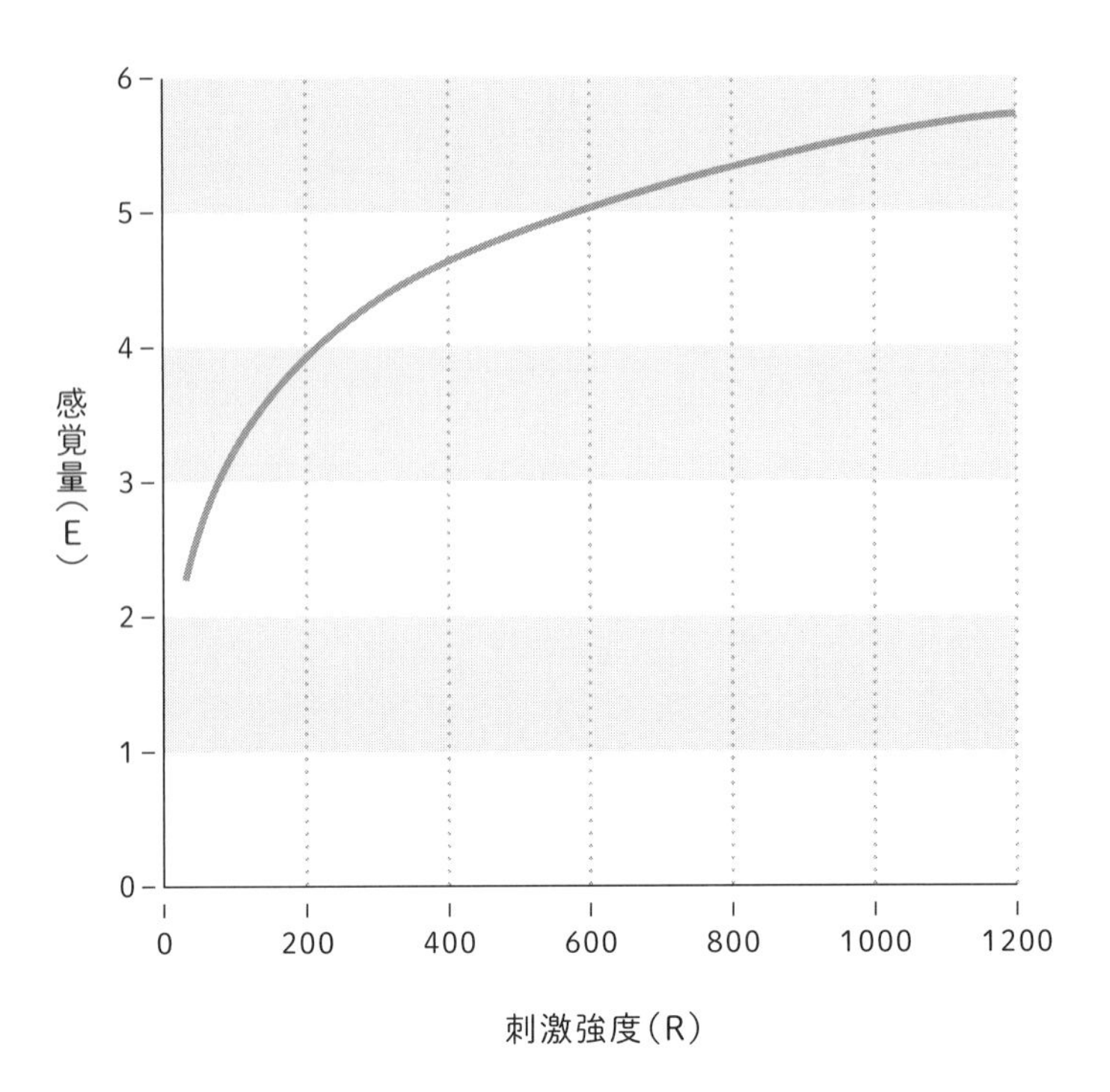

▶図3　フェヒナーの法則
（プレジデントオンライン[低所得層と富裕層の「1」はこんなに違う]より）

つまり、所得の増加は高額所得者になればなるほど、だんだん所得の増加によって与えられる感覚量を鈍くしていくことになります。

「所得が増えるほど生活の小さなほかの楽しみを味わう能力が減ってくるのではないか」というカーネマンの説は、「フェヒナーの法則」とも符合するものかと思います。

横軸を収入の値とし、それを対数で表示した場合、どこまでも幸福量（図3の縦軸）が伸びるとしても、現実的に所得を一定の水準を超えて指数的に伸ばし続ける人が世の中にいるかといえば、ほとんどいません。

僕は脱サラしてから数年で所得1億円を達成しました。しかし、10億円超えには、実に16年という歳月がかかりました。そして、その次の桁（100億円）を達成することは僕が生きているあいだにはさすがに難しいでしょう。

そして1単位の主観的幸福（縦軸）を増加させるために残りの一生涯をかけることには、意味がないんじゃないかなと思っています。

だとすれば、幸福感が頭打ちの状態になる程度の所得なり資産なりを獲得した人が、主観的幸福に影響を与える要因について考える、つまり幸福学について考えていくのは当然の流れだといえます。

ただ単に「所得だけ」が主観的幸福に影響を与えるわけではありません。

人間関係、心身の健康などお金をかけることで、大きな見返りが得られるものが他にあるのに、無理して指数的な所得の増加という手段で幸福感を得る必要がないことは明らかです。

本書の第6章では、そのためのいくつかの手法が解説されています。


いろいろと述べてきましたが、本書をきっかけとして僕は幸福学について深く考えるようになり、フランクの『幸せとお金の経済学』(フォレスト出版)の監訳の機会をいただいたり、本書に出てきた論文の内容も網羅的に勉強することになりました。

冒頭で、本書は僕の幸福学の原点ともなった一冊だといった所以(ゆえん)です。


あなたは本書で幸福のヒントをつかめるでしょうか。

幸福とは何でしょうか。

さあ、これから一緒に見ていきましょう。

幸福の意外な正体　目次

第2章 人生は喜びに、満ちている？

あなたが幸せになれない理由

第3章

幸せな人って、どんな人？

ウェルビーイングの基盤

第4章 性格で、幸福度は決まる？

日常の変化をどう受け入れるか

第5章 不幸せは、脳の仕業？

落ち込んだ気分を変える方法

第6章

感情は、コントロールできる？

ネガティブな状態から抜け出そう

第7章

人は今より、幸せに生きられる？

矛盾をはらむ幸福の心理を解明する

幸福の意外な正体

――なぜ私たちは「幸せ」を求めるのか

本作品は、オープンナレッジより刊行された『目からウロコの幸福学』
(2007年3月刊)を改題、再編集したものです

監訳者エージェント　アップルシード・エージェンシー

はじめに──
なぜ、私たちは「幸せ」を求めるのか

1776年のアメリカ独立宣言で、その起草者であるトーマス・ジェファーソンは次のように書いています。

「我々は、次の真実を当然のことと考える。すなわち、すべての人間は平等につくられ、決して奪われてはならない権利をその創造主から与えられた。その権利とは、生命の権利、自由の権利、そして幸福を追求する権利である」

この三つの権利のうち、私たちの人生に最も大きな意味を与えているのは、最後の「幸福の追求」でしょう。その明かりに照らされなければ、私たちは「生命」や「自由」をどう扱えばよいのか途方に暮れてしまうからです。

ジェファーソンが示す第一の「生命の権利」、第二の「自由の権利」は、馬を目ざめさせ、厩舎の扉を開かせますが、馬がそこから新たな世界へと歩み出すためには、第三の「幸福の追求」

が欠かせません。

「幸福とは人間活動の中心であり、人生の核である」

という考えは、はるか古代にまでさかのぼることができます。

紀元前4世紀、ギリシアの哲学者アリスティッポスは、「人生の目的とは、喜びの総量を可能なかぎり大きくすることにある」と主張しました。

それがもし真実なら（もっともそこには意外と議論の余地もあるのですが）、幸福とは、人間の心理をことごとく説明してくれる概念であり、すべての人が何をおいてもまず取り組むべき問題だということになります。

それればかりでなく、政治や経済の面で決断を下そうとするときに、幸福という尺度が、中心的な役割を果たすことになるはずです。

もしも個人の人生の目的が幸福を最大にすることにあるならば、行政や経済システムの目的もまた、集団としての幸福を最大にすることにあるはずです。

このような立場は「功利主義」の純粋な形だということができるでしょう。

功利主義とは、ジェレミー・ベンサム（1748〜1832）という倫理学者によって世に広まった概念で、その思想の原型は、「最良の行動とは、最大多数の最大幸福をもたらすような行動である」というフランシス・ハチソンの言葉に表れています。

この種の功利主義は、いつの世も人々を惹きつけます。

ヒマラヤ山脈の中腹に位置するブータン王国の政府は先頃、国家として、国民総生産（GNP）ではなく、国民総幸福量（GNH）の向上をめざすと発表しました。

ブータンの人々はよくわかっているのです。幸せな人は不幸せな人より長生きするし、病気にもかかりにくいことを。幸福感とは、国によって、財産の有無によって、既婚か未婚かによっても左右されるものです。

たしかにブータンのこの方針は、一見画期的に思えます。

けれども、すぐに疑問が湧いてこないでしょうか。

果たして人々の幸福感は、行政的な変革によって変化するものなのだろうか？

そもそも、幸福感とは何かによって変えることができるものなのか？

もしできるのなら、どうやって？

それに、国民総幸福量を、いったいどうやって測るのか？

初期の功利主義者たちは、自分たちのすすめる方法を実行するためには、幸福度を測る手段、つまり「幸福計」が必要だと気づいていました。もちろんそんな機械はどこにも存在しません。

けれども人々に、今どれくらい幸せを感じているかをたずねることはできます。実はこの先に見ていくように、そういった調査が驚くほど多くのことを示してくれるのです。

「幸福（happiness）」にも、さまざまな次元があります。

たとえば「I was happy to see Bob（ボブに会えてうれしかった）」というときと、「I was happy with the foreign policy of the government.（政府の外交政策に満足した）」というときとでは、「happy」の意味が違ってきます。

そこで、幸福度というものさしで社会生活を測ろうとする前に、人々の幸せについての考えや気持ちを、そして幸福感と生活の質との関係を、しっかり調査する必要があるのです。数十年前から心理学者たちが始めたこの研究については、そのとても興味深い調査結果を、本書で検証していくつもりです。

人は、幸せになるように設計されているのでも、不幸せになるように設計されているのでもありません。ただ進化というものが体内に埋め込んだ目的に向けて、ひたすら励（はげ）むようつくられています。

幸福とは、この場合、進化の目的を助ける小間使いのようなもので、実際に手に入る報酬としてではなく、私たちに方角と目標を示す、いわば**「架空のゴール」**として機能しています。

そのゴールは決して近づけないものかもしれませんが、近づく必要もまた、ないのです。だいいちジェファーソンが基本的権利として唱えたのは、「幸福」そのものではなく、「幸福の追求」だったではありませんか。

たとえ理想郷のような世界であっても、幸せの追求が最終的に成功する――幸せが手に入る、とは限らないのです。

いい社会とは単に、すべての個人が、幸せの追求にいそしむことができる社会です。そして、落ち着いて考えてみれば、それで十分なのです。

本書は最後に、幸福感の今後の行方について考えます。

少なくとも私たち先進国の人間は、昔よりはるかに裕福で健康で自由になりました。けれども、幸福についても同じように劇的な向上を期待するのは、現実的ではありません。それどころか、現在ある種の不幸せが蔓延(まんえん)している徴候すらあるのです。その原因についても探っていくことにしましょう。

幸せの定義の難しいところは、あまり突きつめずに、それでいて、はっきりとした概念を見つけることとです。

幸せというものをある一つの感情や心理状態として狭く定義してしまうと、客観的に測ることは概(おお)ね可能になるものの、社会生活や個人的な決断の基盤にしては、とるに足らないということになってしまいます。

逆に、たとえば「いい生活の基本要素」などと漠然と定義してしまうと、論点がぼやけてしまうし、国の統計などから読みとることもできなくなります。

私たちは本能的に、「幸せ」という名のものが確実に存在するはずだと思っています。何か一つの、しかし決して瑣末（さまつ）というものではなく、努力目標にできるほど具体的で、なおかつ、苦労する価値のあるほど大きな、何か。この、なじみ深いくせにとらえどころがなく、矛盾すらはらむ欲求対象こそが、この本のテーマです。

幸せの概念とは、社会を研究する者にとって蜃気楼（しんきろう）のようなものです。地平線のかなたにゆらめく、研究対象として魅力的なもの、しかし近づけば近づくほど逃げていってしまうもの――この蜃気楼のような性質は、これからたっぷり見ていくように、幸せそれ自体ととてもよく似ているのです。

ダニエル・ネトル

第1章

幸せって、何だろう?

幸福の定義について考えてみる

「幸福」について追究してみよう

幸せは、ちょっと見には愛情に似ています。

今この瞬間にそれを感じているかと問われれば、たいていの人は否定するでしょう。どんな状態なのか定義しようとする人はあまりいない。そのくせ見ればすぐにそうとわかるものです。

幸せの概念はあまりに主観的で曖昧(あいまい)なので、長いあいだ心理学の分野では見向きもされてきませんでした。

たとえば1985年出版のペンギン社『心理学辞典』を見ると、「haploid（単数体）」の項の次は、何の迷いもなく「haptic（触角型の）」になっていて、「happiness」は、もののみごとに無視されています（数ページ後にかろうじて、「hedonic tone（快楽度）」の説明が3行ばかり登場しますが）。

おそらくこれまでの心理学者たちは、「幸せなどというものはあまりに庶民的で世俗的な事柄だから、酒場の噂話にはなるだろうが、学術的な研究対象としてはふさわしくない」と考えていたのでしょう。けれども、私の考えはまったく逆です。

私たち心理学者がいかに耳ざわりのいい言葉(功利性、快楽度、主観的ウェルビーイング「良好状態」、ポジティブな情緒性など)で代弁させようと、それは、日々の会話の中で切実に繰り返されるあの言葉の、いくつかの側面を扱っているに過ぎないのです。

学術用語を新しく造ってごまかそうとしても、かえってやぶ蛇というもの。かといって、これから見ていくように、概念をきちんと整理することが理にかなっていないわけではありません。

小説家ヘンリー・ジェームズの兄で優れた学者だったウィリアム・ジェームズ(1842〜1910)。彼をはじめとする初期の心理学者たちは、心理学は科学的に研究されなければならないという信念を持っていました。

けれども同時に、生活に根ざした「愛」や「幸福」や「信頼」といった日常的で世俗的な心理学的概念を、新しい科学への出発地点として選ぶことに躊躇しませんでした。残念ながら、そのせいで彼らは「無分別」という誤ったレッテルを貼られることになったのですが。

当時、動物行動学はまだ生まれたばかりで、人間心理学が拝借できるほどの語彙を持っていなかったし、まだ神経科学などは存在すらしていませんでした。

つまり、彼ら初期の心理学者たちにとってはまだ時代が熟しておらず、誰かがもっといい方法を開発してくれるまで、ただただゆったりと肘掛け椅子に腰を沈めてて、人々が何を考え何を感じているかに思いをめぐらせるほかなかったのです。

肘掛け椅子での黙想や酒場での噂話からなんとか脱却しようと機をうかがっていたので、そのときが来るやいなや、心理学者たちはあっさりとそれらを捨て去りました。

そして20世紀なかば頃には、愛や喜びについて語るよりも、まばたきの頻度について語るほうが得意になっていました。

時を経ずして、まばたきはもっと高度な行動基準――たとえば、与えられた刺激に対する反応時間の微妙な差異といったものへと進化しましたが、「幸せ」などのもっと大きく、複雑で、日常生活に直結する概念に、それらを結びつけようとする者はありませんでした。

実際、信念や欲望や気持ちといったものを取り上げる、日常会話を元にした民俗心理学のことを、専門家たちは「下等心理学」と軽蔑したのです。

誰かの体を真っ青に塗りたくり、日の出とともにその周囲を踊りまわることを「抗生物質」

と呼んだりしないのと同様、民俗心理学は心理学的真理からは程遠い存在とされたのでした。けれどもウィリアム・ジェームズが、人々が日常的に人間心理をどう考えているかというところから出発しようとした背景には、実は建設的な根拠がありました。ジェームズはどうやら、心理学の研究とは人類学の研究と似ているということを、理解していたようです。

人類学者は(まがりなりにもまともな研究者であるならば)、研究の対象である人々が、彼ら自身の行動についてどう考えているかを探るところから、調査を始めます。それがいつも正しいとは限りませんが、彼らが自分たちの生活をどう捉(とら)えているかということは、調査対象である人間行動の大事な要素なのです。

ですから、人々が幸せについて多くの時間をかけて考えていること自体が、それを研究する立派な理由になるのだと、私は言いたいのです。人々が幸せに到達できようができまいが、あるいは、水も漏らさぬ定義が得られようが得られまいが、そのことだけは真実であるはず。幸福とその追求とは人類の自然史の一部であり、だからこそ、科学的な視線が注がれるべきものです。

ここ数十年、果たして心理学はそういった方向へと、興味深い変遷(へんせん)をたどってきました。その過渡期に比べれば、現在のほうが、ウィリアム・ジェームズの問題意識にぐっと近づいています。

特に、人々が自らの行動に対する感覚や考えをどう表現しているかは、現在、価値ある研究テーマになっています。このあと見ていくように、とりわけ感情や気分、そして幸せに関して、このことは顕著だといえるでしょう。

何が「幸せ」をもたらすか

前項で述べた心理学の変化には、いくつかの理由があります。

1960年頃から始まった、心理学者ポール・エクマンの調査は、感情研究の分野において特に重要です。エクマン以前、感情とはまさに曖昧で主観的な民俗的観念だと思われていて、心理学者からは疫病のように避けられてきました。

けれどもエクマンは、人類学的な手法でこれに取り組むことにしたのです（奇しくもそうすることで、ウィリアム・ジェームズのほぼ同時代人であるチャールズ・ダーウィンの、すでに忘れ去られていた研究内容に、再び光を当てることになりました）。

エクマンは、さまざまな表情を浮かべた（アメリカ人）俳優の写真を撮りました（図4）。

そして、やはりアメリカ人の協力者たちに、それらの表情がどんな感情を表しているかを考えさせ、その協力者たちは、予想にたがわず、ほぼ間違いなく言い当てることができました。

エクマンはこれらの写真を、パプア・ニューギニアに住むダニ族の人々にも見せました。すると彼らの回答も、アメリカ人の協力者たちとほぼ同じになったのです。

多くのほかの文化においても、同じ結果が繰り返されました。

エクマンの調査により、基本的な感情（恐れ、悲しみ、嫌悪、怒り、驚き、喜び）の識別は、万国共通だということが示されました。

どの表情がどの感情を表しているかということのほかに、どんな状況がどんな感情を生むかについても、文化間の相違は見られませんでした。

ピクニック用のバスケットに蛇を発見したら、「恐怖」。

愛する者を失ったら、「悲しみ」。

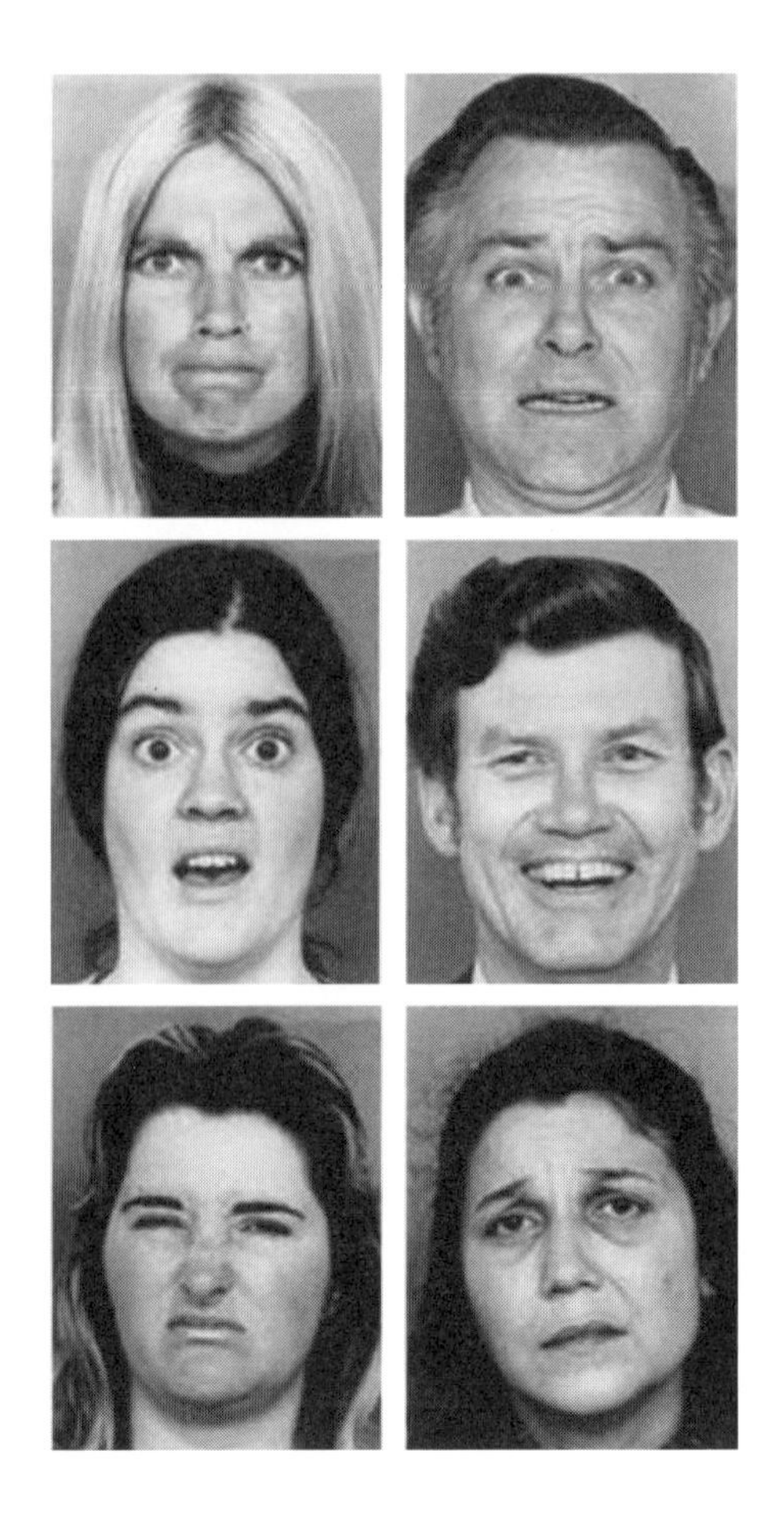

▶図４　ポール・エクマンが調査に用いた6つの基本的感情が表れた表情の写真　左上から右に、怒り、恐れ、驚き、喜び、嫌悪、悲しみ

食物が糞便で汚染されていたら、「嫌悪」。

会いたくてたまらない大好きな人が思いがけず訪ねてきたら、「喜び」。

これらの感情は、言葉で言い表すのは難しいかもしれませんが、どんな文化的背景の人にとっても、身に覚えのある身近なものです。

ホモ・サピエンスという基本モデルにそれらの感情が標準装備されているからには、それがどのように作用するのか、その正体は何なのかを突きとめなければなりません。

面白いことにエクマンの研究によって、感情研究の分野では、日常会話に出てくるのと同じ概念が、学術的な心理学論文の中にも登場するのだということが示されました。

エクマンの研究と並ぶもう一つの重要な出来事として、「進化心理学」の誕生があげられるでしょう。

これは現在大いに流行している考え方で、進化の過程で受けた試練を祖先たちがどう解決してきたかという点に着目して、現代人の心のはたらきを説明しようというものです。

進化心理学は、ある意味、真理でなければなりません。私たちの祖先は一人残らず、生殖期に達するまで生きのび、伴侶を見つけ、子どもを生み、その子が大人になるまで育ててきた人々だからです。

人類の歴史を通して見れば、ほとんどの人間がそこまで到達せずに終わったのであり、つまり、私たちの祖先は先天的に、あるいは後天的に、試練を乗り越える賢い方法を身につけていたということになります。もちろん、これらの事実から具体的にどの程度、心のはたらきが予測できるのかという話になると、まだまだ調べが必要ですが。

けれども進化心理学で大事なことは、進化は、いま私たちがやっていることすべてを形づくってきたわけではなく（進化が直接、携帯電話を発明したり抽象表現主義を生み出したりしたわけではありません）、私たちが物事に対処する際の考え方を形づくり、それが生き残ってきたということです。

気鋭の進化心理学者、レダ・コスミデスとジョン・トゥービーの研究から例をあげれば、私たちは進化の過程で何度も、大型の肉食動物に猛スピードで追いかけられる危機に直面してきました。

そんなときに、「肉食動物の生物学的特長の機微」だの、「大型猫の美学」だの、「状況に対するさまざまな反応の長所短所」だのを、悠長に考えている余裕はありません。

すぐさま始動できる思考法――いわば、合図があれば自動的に起動するソフトウェア・パッケージに、心臓や足など配置済みのキープレイヤーたちに司令を出す機能を備えたものが必要です。

私たちの祖先は誰ひとりとして食われてしまわなかったわけだから、このプログラムの最良のヴァージョンで動いていたのだと考えてもいいでしょう。

そのプログラム「恐れ」は、現代生活においても、私たちにまぬけな行動を起こさせることがありますが（たとえば映画『ジュラシック・パーク』を見ながら思わず椅子の下に隠れてしまうとか）、長い進化の過程においては、そのことは私たちにとって有利に働いてきたのです。

現代人が感じる恐れは、この「恐怖プログラム」の設計特徴を反映しています。

たとえば今日、電気コンセントや自動車よりも、狂牛病（ＢＳＥ）や蜘蛛を怖がる人が多いけれど、統計的に見ればそれは完全に無意味なことです。一生のうちに汚染牛肉を食べて死ぬ確率よりも、１カ月のうちに自動車事故で死ぬ確率のほうが高いのですから。

ところが、旧石器時代のアフリカには食品由来の疫病や毒蜘蛛がうじゃうじゃ存在していたのに対して、レンジローヴァーに乗ったスピード狂などいなかったのです。

進化心理学によって、幸福という概念も、立派な研究対象として扱われるようになりました。古今東西すべての人が、そのことについて考え、それを求め、議論してきたのだから、恐怖と同様、このプログラムが存在するのには何か理由があるに違いありません。これが、本書における私の議論の根底にあるのですが、もちろん話はそれよりは多少複雑です。たしかに「喜び」は「恐れ」とほぼ同じで、あらかじめ設定の決まったプログラムのようです。

けれども、別の意味の「幸せ」となると、やや入り組んだ話になってきます。あとで述べますが、私たちが進化によってプログラムされているのは幸福そのものではなく、何が幸福をもたらすかをめぐる信念であり、幸福を追いかけようとする性癖です。そのことから、いくつかの普遍的でありながら奇妙な事実の説明がつきます。

すなわち、次の三つのことがいえるでしょう。

（1）人は今より将来の自分のほうが幸せなはずと信じているが、実際にそうなる人はほとんどいない

（2）社会が裕福になったからといって、人々がより幸せになるわけではない

（3）将来の出来事がいかに自分の幸福を左右するかについて、人はつねに間違った認識を持っている

エクマンの「感情研究」と「進化心理学」の二つは、幸せをまじめに研究しようという大きな流れに加わった、最新の学説に過ぎません。

この大きな研究の流れはあらゆる名称で呼ばれていますが、最適なのは「幸福の研究」という意味の「hedonics」です（幸福、快楽の追求という意の「hedonism」とは区別されます）。「hedonics」の重要文献だけでも1960年以降3000以上の論文が発表されており、また、2000年からは、学会誌『Journal of happiness studies（幸福学研究）』が発行されています。

この幅広い研究分野には、脳科学者、うつ病を予防しようとする臨床医、国による人間発達の違いを測ろうとする社会学者、人々の消費行動を説明しようとする経済学者などが参加しています。

これほど多彩な学者が集まって研究しているのも、幸福というものが、どんな分野であれ、狭い範囲におさまるものではないからです。

幸福というテーマは今、人間科学の中心へと戻りつつあります、その昔、ジェレミー・ベンサムが予想したように。

三つのレベルで幸福を区別する

学術的な土台については見てきた通りですが、では幸福とはいったい何なのでしょうか？その概念はつかみどころがないものですが、だからといってその価値が損なわれるわけではありません。幸福というものは、さまざまな具体例が家族のようにつながり合っている概念です。

つまり、そこには何らかの共通点があるのです。かといって、ほかにはない絶対的な何かを共有しているわけでもありません。

ありがたいことに、幸せという観念はどんな文化にも登場します。

多くの言語では、「喜び」や「楽しさ」といった一時的な気持ちと、「充足感」や「安心感」などの、より持続する感覚とを区別しています。

たとえばイタリア語の「gioa」と「felicitá」。

「felicitá（幸福）」の状態には「gioa（喜び）」の瞬間がたくさん含まれるでしょうが、だからといって、つねに喜んでいなければ幸せな人ではないとはいえません。

またある言語では、「幸福」と「幸運」に語源的な関連性があります。

たとえばドイツ語の「Gluck（幸せ）」と「glucklich（運がいい）」。

また英語にも昔は「good luck（幸運を祈る）」の意味で、「good hap」という言葉がありました。

このことからわかるように、「幸福」に属する概念は、「思いがけずいいことが起きる」といったことと関係があります。

つまり「幸せ」というのは絶対的な状態ではなく、そこには暗に、期待値との比較、あるいは他人が持っているものとの比較が込められているのです。

こうした考察を手がかりに、幸福という概念の意味する領域を描き始めることにしましょう。

この言葉の用法は、その深みの度合いによって3段階の意味に分類できます（図5）。

●【レベル1】の幸福

最も直接的で表層的な意味の幸福とは、喜びや楽しさといった感情や気持ちに関わるもので

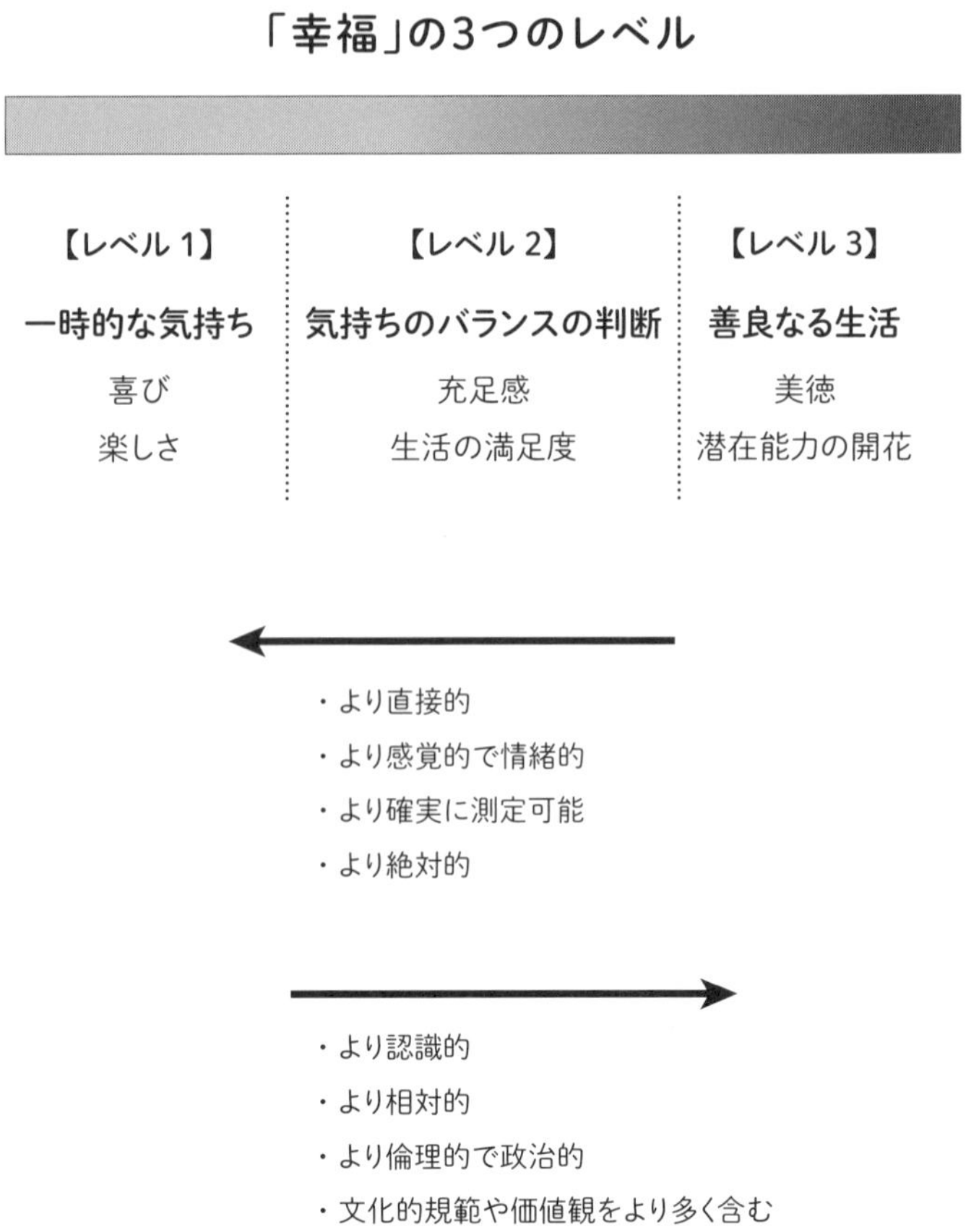

「幸福」の3つのレベル

【レベル 1】	【レベル 2】	【レベル 3】
一時的な気持ち	**気持ちのバランスの判断**	**善良なる生活**
喜び	充足感	美徳
楽しさ	生活の満足度	潜在能力の開花

←

・より直接的
・より感覚的で情緒的
・より確実に測定可能
・より絶対的

→

・より認識的
・より相対的
・より倫理的で政治的
・文化的規範や価値観をより多く含む

▶図５　「幸福」の3つのレベル
それぞれのレベルが下位レベルの内容をプラスした意味を持つ

す。そのような気持ちは一過性ですが、明白かつ独特な現象です。すなわち、哲学者トーマス・ネーゲルの言葉を言い換えるなら、喜びとはどんな感じなのかはっきりとわかる、何かがあるのです。

何か好ましい状態が（しかも予期せずに）得られたときに、その気持ちが起きますが、そこには、望んでいたことが起きたという意識以上には、認識力はさほど必要ありません。粗っぽい括り方を許してもらえるなら、このような感覚の幸福のことを、今後【レベル１】の幸福と呼ぶことにします。

●【レベル2】の幸福

人が、自分は幸せな生活を送っているという場合、四六時中、文字通り喜びにあふれていたり、楽しくてしかたがなかったりするわけではありません。快感と苦痛のバランスシートを吟味してみたとき、長い目で見て、自分はより好ましい状態にあると感じるのです。

心理学者たちが通常研究しているのは、このような感覚の幸せです。これは、気持ちそのものではなく、むしろ気持ちのバランスをどう判断するかに関わってきます。

よって、感情と、感情をめぐる判断が、混じり合ったものだといえます。この場合の幸福の同義語をあげるなら、「充足感」なり「生活の満足感」になるでしょう。これを【レベル2】の幸福と呼ぶことにします。

ベンサムが「最大多数の最大幸福が、道徳や法律の基礎になるべきだ」と語ったとき、彼の頭にあったのが、この【レベル2】の幸福だったことは明らかです。

時間や個人的背景を超えて、ポジティブな感情とネガティブな感情が長期的にどのようなバランスを保っていくのか、という視点です。

けれども【レベル2】の幸福は、ポジティブな瞬間を足しあげて、そこからネガティブな瞬間の総計を差し引いて求められるなどという単純なものではありません。もしかしたら起こり得た可能性との比較といった、より複雑な認識プロセスがそこにはあるからです。

たとえば、ある本の原稿の出来が惨憺たるものだという自覚があっても、「この原稿の出来に満足している（I am happy……）」という場合があり得ます。

原稿はいつも決まってひどい出来だけれど、最初に紙に書き出す作業より、修正を加えて文章をととのえるのがはるかに楽だったとしたら、そう思うことは大いにあり得ます。

ひどい出来だろうという当初の自分の予想と比較すれば、むしろこの段階で努力はほとんどし尽くしたと考えて、「満足している（be happy）」という言葉が出てくるのです。

もう一つ、別の例をあげてみましょう。

いつも髭(ひげ)を剃(そ)るとき、一日に2回顔に傷をつけているとすれば、一度しか剃り傷がつかなかったとき、うれしく感じてもおかしくありません。当然、傷自体は痛くて悪態をつきたくなるほどだから、うれしいわけがない。けれども、その後に、昨日よりはマシだとか、予想していたほどひどくなかったと比較するプロセスを経て、結果的に喜びを感じるというわけです。

●【レベル3】の幸福

【レベル2】の幸福より、もっと広い意味の幸福も存在します。

アリストテレスが善良なる生活の理想として名づけた「エウダイモニア」です。

この言葉はよく「幸福」と翻訳されますが、むしろ、個人がその潜在能力を存分に開花させることのできる生活を指すのです。もちろん、そのような生活にはポジティブな感情体験も多く含まれるでしょうが、必ずしもそれは必須条件ではありません。

現代の心理学者や哲学者が幸福を語るとき、善良なる生活、つまりエウダイモニアのことを指していることがよくあります。そのような幸福のことを、ここでは【レベル3】の幸福と呼ぶことにしましょう。

【レベル3】の幸福とは、感情の一状態ではないため、目に見える特徴は皆無です。エウダイモニアが達成される感覚には、これといった固有のものがありません。なぜなら潜在的に秘めているものは個人によって違うからです。

実際問題、エウダイモニアとそれに関連する一連の概念が厄介なのは、個人の潜在能力を誰が判断するのかが曖昧であることです。

もしその本人が判断するなら、それは多分に心理学的な概念となり、ここでの議論にとって有意義なものになるでしょう。ところがもし心理学者や社会が判断するとして、「人生において個人は何をすべきか」といった外からの基準を押しつけることになると、この概念はとたんに教訓めいたものになり、イデオロギーと化してしまいます。

けれども、少なくとも思想の自由の保障された社会において、「幸福」が教訓になってはいけない。他人を傷つけたりしないかぎり、人が自分の潜在能力をどう解釈しようと、それは他人が侵すべからざる権利です。

人間のありとあらゆる徳をカバーするような幸福を、イデオロギーを標榜せずに定義するのは、この先に述べるように非常に難しいことです。

図5（52頁）に示した幸福が通常意味するものとは別に、単に人々が欲する何かが達成され

ることという意味で、幸福という言葉を使う学者もいます。

特にそれが顕著(けんちょ)なのが経済学の分野です。

ジェレミー・ベンサムらの古典経済学者は、人々が生活の中で何かを選ぶときには、自らの「幸福(=功利性)」を最大化しようとするという仮説を立てました。

彼らのいう功利性とは、【レベル2】の幸福のことです。

つまりベンサムたちは、人々が何か選択をする際、不快な気持ちではなく、快い気持ちを最大限もたらすものを選ぶはずで、もし快感を測る装置があれば、そのことを証明できるはずだと信じていたのです。

ところが、幸福や功利性を具体的に測る手段が見つからなかったため、そのうち経済学者たちは「功利性」を、単に「人々がそれを選ぶ傾向があること」という意味で使うようになりました。

たとえば、人々がヨットよりも乗用車にお金を使うことを好む場合、経済学者は、「車の所有はヨットの所有に比べ、より大きな功利性を持つ」というふうに表現します。

これは心理学的な仮説ではありません。それどころか、説明にすらなっていません。

人々が車を選ぶ理由は、車の与える、より大きな功利性という言葉では説明できないのです。

なぜなら、車の持つより大きな功利性とは、人々がそれを選ぶ傾向として定義されるからです。

つまりこの概念は、限られた資源を割りあてようとするときに、人々がどう行動するかを予測するための方法を、簡単に記しているに過ぎないのです。

さらに、以下のような類いの論法を目にすることもあるでしょう。

「多くの人が、休暇をとることより収入が上がることを優先させている以上、休暇より収入のほうが人々を幸せにするものなのだ――でなければそんな選択はしないはずだから」

ここでいう「幸せ」は、行動にまつわる好みを指すのに使われています。

選択の結果もたらされる、両者それぞれの場合の心の満足度については触れず、ただ人々がどちらを選ぶ傾向にあるかを示しているだけです。

この場合の「幸せ」の用法は、通常の言葉づかいとは違います。

AがBより多くの幸せをもたらすわけでなくても、人がBではなくAを選ぶ理由はごまんとあります(たとえば、Aのほうがより楽しめるはずだと誤って思い込んでいる場合、あるいは、道徳的にそちらを選ばざるを得ない場合、あるいは周囲の人間がみなAを選んでいる場合、な

ど など)。

幸福のどの定義を用いるかによって、これからここで何ができるか、そして何が結論として導かれるかが変わってきます。

そもそもレベルによって、幸福が科学的な分析に適しているかどうかが違います。

【レベル1】の幸福は、たいがい、客観的に測ることができます。

快感をつかさどる生理的なメカニズムや脳の領域を発見し(第5章参照)、そのはたらきを測定することができるでしょう。少なくとも、【レベル1】の意味での幸せについては、人々の主観的な報告が重要です。ある人が今、喜びを感じているというなら、こちらはそれを文字通りに受けとめ、データポイントとして記録するまでです。

【レベル2】の幸福についても、多少は同じことがいえます。

この場合、判断基準となる比較感は個人によって差があり、それが不確定要素になることは確かですが、自分がどの程度幸せを感じているかという主観的な報告は、科学的な分析に適した重要かつ適正な資料になり得ます。

心理的ウェルビーイングについて

【レベル3】の幸福は、さほど簡単に測れるものではありません。

前述のように、これを測ろうとすると、いい生活とはどんなものなのか、そして、その人の生活がどの程度その基準を達成できているのか、判断を下さなければならないからです。

心理学者キャロル・リフらは、単なる【レベル2】の幸福（ハピネス）に比べ、人間の「ウェルビーイング（良好状態）」には、もっと広範囲におよぶさまざまな要素がからんでくると述べています。

それは、個人的な成長、目的意識、状況のコントロール、自主性、そしてもっと身近な快感や、痛みからの解放などの要素です。

リフのいう「心理的ウェルビーイング」の、これらさまざまな構成要素は、狭い意味での幸福と関連づけられることが多いですが、実はその関連性はかなり薄いものです。つまり、心理的ウェルビーイングは高いけれど【レベル2】の幸福度は低い人、あるいはその逆の人も存在するということです。

リフの研究には説得力がありますが、その提示のしかたには、心理的なウェルビーイングの概念と、倫理的な立場との混同が見られるようです。

たとえばリフは、「歴史を鑑みればわかるが、ひどく堕落した無意味な生活にもかかわらず、幸せを感じている人の例は数えきれない」と述べています。

ここでは「気品や意志力などが犠牲になるなら、【レベル2】の幸福それ自体は浅はかな目標に過ぎず、忌むべきことだ」と暗に指摘されています。

たしかに気品や意志力といったものは身につけるのが困難で試練をともないます。短絡的な快楽にまどわされずにそれらを追求するのが理想です。

けれども、もし誰かの生活が私の目には酷く無意味に映ったとしても、その人がそれで満足しているなら、それに口出しする権利が私には果たしてあるのでしょうか。

もし口を出すなら必然的に、私自身による「評価者側の問題」をはらむことになり、客観的科学の領域を離れ、専門家による暴虐の領域に踏み込んでしまいます。

彼らがその生活を楽しんでいるのであればそれはラッキーなことで、その視野の狭さを他人に責められたり、裕福な学者に、たとえば小説を書くために苦労しろと説教される筋合いはないのです。

けれども、多くの人々にとって、【レベル2】の幸福だけが人生のすべてではないという点においては、リフのいうことも一理あるのです。

リフは慎重にも、自分の研究テーマであるこの広い意味での「心理的ウェルビーイング」が、「幸福」と呼ばれてはならない、と強調します。

けれどもその他の学者は、さほど用語法に神経を使いません。

それが最も顕著なのは、「ポジティブ心理学」という名で知られる分野です。

ポジティブ心理学は、心理学がこれまで主として扱ってきたうつ病、不安、中毒などの病気、欠陥、弱点などのネガティブな概念に対抗するものとして、ここ数年、主に北アメリカで発展してきた学問です。幸福、勇気、意志力、元気といった強さや力の研究にも、体系的な枠組みがあってもいいだろうという発想です。

ポジティブ心理学とは、学術的心理学の持つ厳密な方法論と、書店の自己啓発本コーナーに置かれるようなアドバイスが融合した、興味深い試みだといえます。

たとえばポジティブ心理学では、「フロー」と呼ばれる状態に高い関心が寄せられています。

これは、ある人が困難のともなうある活動についてその技能を持っていたとき、才能をフルに開花させ、完全に没頭している状態をいいます。

登山家、音楽家、スポーツ選手などは、比較的頻繁にフローの状態に入ることができますが、それにはほかにも数えきれないほどの方法があって、誰でも、生活により多くのフロー状態をつくり出すことが可能です。

また、人生に意味や信仰心や崇高な目的を見つけることも、ポジティブ心理学の処方箋です。

ポジティブ心理学における「最高善」とは、「自己目的的な人格」を形成することです。

自己目的的な人物とは――。

「財産や娯楽、気晴らし、名声などをほとんど必要としない人。
なぜなら、彼らが行うことの大半がすでに当人のためになっているからで、多くの人が無意味な生活を乗り切るために必要とする、外からの報酬に頼らずにすむからだ。
こういう人たちは自主性や独立心が旺盛で、外からの脅かしや誘惑にも簡単には屈しない。
それと同時に、人生の潮流に完全に身を任せているので、周囲のすべてのことに積極的に関わっている」

こう聞くと、フロー、意志力、自己目的的人格などを追求するべきだという主張には、説得力があるように思えてきます（もっとも、こういった自己目的的な人生といえば自由気ままにふるまうプロテスタント教徒を髣髴とさせますが、彼らは結局、裕福であったりします）。

興味深いのは、これらの事柄がどれも、通常の意味での幸福とは無関係だということです。

生活にフロー体験が多い人は、他人に比べて無気力や無関心には縁がありません。

ところが、こと自分がどの程度幸せかという質問になると、その幸福感のレベルは決して高くないのです。

むしろ、彼らは自分を不幸せだと考える性質であるはずです。

そうでなければ、周囲の人間が甘んじている「つまらなくて無意味な決まりきった日課」で満足するはずでしょう。

音楽家、芸術家、作家などフロー体験の多い職業の人ほど、強い不満を感じることが多く、かえってそれが原動力となって、技術の向上に向けての新たな挑戦を生むのです。もっともこれらの人は、うつ病や依存症などにもかかりやすいものです。

逆に、【レベル2】の意味で大いに幸せを謳歌している人は、自発的でも独立的でもないのに、まるで強迫観念にかられているかのように社交的な場合が多いものです。

「自己目的的な生活を求めよ」という処方箋が果たして、心地よくなるためのアドバイスなのか、それとも一つの道徳的見地なのかは容易に区別はつきません。

心理学者ミハイ・チクセントミハイが、その名著の中でこのテーマについて触れていますが、彼もやはり道徳的に説こうとしているようです。

「ほかの条件がすべて同じならば、複雑なフロー体験に満ちている生活のほうが、受け身の娯楽をただ貪っている生活よりも、ずっと価値がある」

一人の人間の生活が別の人間の生活よりも価値があると決めつけることは、由々しき問題でしょう。

ことに、チクセントミハイ自身も注意深く明言しているように、フロー体験に満ちた生活は、受け身の娯楽を貪る生活よりも幸せとは決していえないからです。

彼の著書の編集者は残念ながらそれほど慎重ではなかったらしく、本の裏表紙の宣伝文句にこう書いています。

「チクセントミハイによれば、人間はフロー状態に入っているときが、最も創造的で、最も充実し、最も幸せなのだという……」（傍点は筆者による）

似たような懸念は、多くの意味でポジティブ心理学を定義づけたマーティン・セリグマンの『世界でひとつだけの幸せ』（原題"Authentic Happiness"）にも如実に表れています。本の題名とは裏腹に、その紙数の大半は、【レベル2】の幸福を得ることとは無縁の内容に割かれています。

セリグマンの考えでは、ポジティブな感情体験とは、少なくとも部分的にはその人の気性に左右されるし、快感は多分に習慣化してしまい、いい生活をもたらすものにはなりにくいといいます。

「だから、かわりに別の美徳――満足、フロー、知恵、正義、精神性などを求めるべきである。必ずしもそれがポジティブな感情をもたらすからではなく、それらは本質的に、価値あるものだから」

——この結論に異を唱えるのは難しいことです。

けれども、幸せとは無関係で、しかもその価値を決めるのに幸せという観点を必要としないそれらの事柄を、「本物の幸せ」の必要条件と考えるのは、いささか横暴な論理ではないでしょうか。

セリグマンはこの議論について、言葉を定義することで説明しようと試みています。

「私は『幸福』と『ウェルビーイング』を、ポジティブ心理学が究極的にめざすものを表す最も重要な言葉として使っている。これらの言葉は、ポジティブな気持ちと、……感情をともなわないポジティブな行動の、両方を含むものとする……。『幸福』や『ウェルビーイング』が気持ちを表すこともあれば、まったく何の情動も感じない行動を表すこともあると、認識することが大事だ」

幸福以外にも人生にとって大事なことはある、という点でセリグマンは正しいのですが、彼は自らの説明によって、その理論を台無しにしています。

セリグマンが論じている幸福は、【レベル3】の幸福であって、そこには人間にとってのあらゆる美徳が含まれています。

けれども、「幸せ」という言葉の通常の使い方とは違うものです。書店で『世界でひとつだけの幸せ』を手にとる読者は、果たしてそこに、「感情をともなわない」と描写された状態を予期するでしょうか？　おそらくしないでしょう。なぜなら私たちは、「幸せ」と聞くと、そこには物事に対する私たちの感情が含まれているはずだと直感的に思うからです。

それに、もし幸せが「本人の気分がよくならないような行為を含む」などと定義されるのなら、いったい誰が、その行為が「ポジティブ」であるか否かを判断するというのでしょうか？　どうやらここでは、価値判断をともなう道徳的な枠組みが、あたかも心理学という科学の下腹にくくりつけられて密輸されているようです。

ここまで述べたことから、いくつか、さしあたっての結論が導かれます。

まず第一に、人が「幸せ」という言葉を使うときは、通常、ポジティブな感情、または感情についてのポジティブな判断がともなう状態を指すことが多いということ。これら【レベル1】と【レベル2】の意味での幸福に、本書では焦点を当てて論じていくことにします。

定義を広げ、人間にとってのほかの価値や美徳まで含めてしまうと、概念そのものが矛盾をはらむことになるからです。

それは裏を返せば、狭い意味での幸福の範囲におさめきれない重要な美徳が、人生にはほかにもたくさん存在するということです。これぞまさしく、リフ、セリグマン、チクセントミハイの指摘していることです。

そうであるならば、人がある一つの行為を選択するのは、それが幸せへの近道だからとは限らないということを、きちんと踏まえておきたいものです。

第二の結論は、人間は幸せというものに、なかでも特に、幸福感を強める方法というものに、心底惹きつけられるものだ、ということです。

チクセントミハイの本の編集者がフロー体験に関する本を売るために「幸せ」という文言を宣伝文に入れたのも、セリグマンが著書のタイトルを『The Good Life（よき人生）』ではなく『Authentic Happiness（本物の幸せ）』にしたのも、おそらくそのためだったに違いありません。『よき人生』だと価値はありそうに響きますが、『本物の幸せ』のほうが心に訴えかけるものがあります。

もしかしたらこのことは、私たちの文化の持つ、一人ひとりの喜びが重視される個人主義的な気風を反映しているのかもしれません。あるいは後の章で述べるように、人間の感情心理における、重要で普遍的な特徴を示唆（しさ）しているのかもしれません。

喜びの感情プログラム

幸せは、なかでも特に【レベル1】の喜びや楽しみという意味での幸せは、「好ましい（ポジティブな）状況である」と万人が認めています。

ネガティブな感情とポジティブな感情のあいだには、興味深い相違があります。トルストイをまねて言うなら、ポジティブ感情はどれも似たようなものですが、ネガティブ感情はいずれもそれぞれにネガティブなものです。

つまり、ネガティブな感情は、原因も好ましい解決方法もそれぞれ違い、別々の「スキーマ」で示されるということです。

図6(次頁)の例を考えてみましょう。

ネガティブな感情はそれぞれ、固有の状況タイプ(スキーマ)によって引き起こされますが、それぞれに、そのスキーマを取り除くための個別の対処法が存在します。

個々の感情プログラムのはたらきは、それぞれ非常に特殊で、ほかのものとはまったく違います。

すべてのネガティブ感情は「何か悪いことが起きた」と告げますが、どう対処すべきかは同じではありません。だからこそ、ネガティブな感情にはいくつか別個の種類があるのです。

エクマンの基本的な六つの感情のうち、四つまでがネガティブなもので、ポジティブなものは一つしかなかったことを思い出してください。

一方喜びの感情は「何かいいことが起きた」ことを告げています。

それに適した対処法とは、単純に「何も変えるな」です。

原因や感情の強さに違いがあっても、喜びはすべて同じ領域に属しています。

なぜなら、「何も変えない」でいる方法は、一つしかないからです。

つまり幸せや喜びは、私たちに益をもたらすような変化を環境の中から感知し、そのいいものに神経を集中するべく、ほかの関心事や意図を忘れるよう導くプログラムなのです。

◉感　情	◉状況タイプ（スキーマ）	◉対処法
【恐れ】	危険の継続的存在	察知して逃げる
【怒り】	他者による規則や取り決めの侵害	侵害の再発を防ぐ（顔を殴る、タイムズ紙に投稿するなど）
【悲しみ】	大切な支えとなるものの喪失	エネルギーをたくわえ、状況が改善されるまで慎重に進む
【嫌悪】	食物汚染の可能性	吐き出し、今後は避ける

▶図６　４つのネガティブ感情と引き起こされる状況タイプ、解決法

この仮説を検証しようと思うなら、何か最近の楽しい話題で心が喜びにあふれているとき、日々の日課に戻ろうとしてみればいいでしょう。

なかなか難しいことがわかるはずです。

このことを突きつめていくと、ポジティブ感情とネガティブ感情の、非対称的な側面がさらに出てきます。

ネガティブ感情は非常にしつこく残ります。恐怖の原因が取り除かれないかぎり、慢性的に恐怖に脅かされて生活することは十分あり得ます。

かたや、たとえばずっと行方不明だった従兄弟がやってきたとき、人は喜ぶでしょうが、彼が滞在しているあいだも終始喜びが持続するということはあり得ません。

喜びというのは、それをもたらしたものが存在し続けていたとしても、徐々に衰えていくものなのです。

もし喜びのプログラムが、ほかの問題を忘れて何かいいことに意識を集中させるためのものであるなら、しばらくたったら終了する機能があらかじめ備わっていなければ、きわめて不都合だということになります。遅かれ早かれ私たちは空腹や疲労を感じ、また敵を避けねばならない必要に迫られます。

だから「喜び」がうまく設計されているなら、それは徐々に背景へと押しやられ、ほかのプログラムが私たちの関心を引くように仕向けなければならないのです。

このような馴化（じゅんか）（慣れ）の作用はネガティブ感情にも起こり得ますが、ポジティブ感情に比べれば、さほど早くもなければ完全でもありません。

喜びの源は、実にさまざまです。最近のある研究によれば、その主要なものは、友人との交流、食べもの、飲みもの、セックス、それに何らかの分野での成功体験だといいます。

進化心理学の見地からすれば、これらの事柄は、祖先たちの時代に適応度を高める出来事だったはずで、ほかの心配事は置いておいても、一時的に時間を割くだけの価値があったはずなのです。

幸せは「比較」に左右される

起きているあいだじゅう、ずっと喜びに満ちあふれているというのは疲れることです。いずれにせよ、そんな状態は、化学研究所にでも出かけていって大金を積まないかぎり、実現できないでしょう。

人生にとって大切なのは、つねに歓喜を感じていることではなく、ときどき元気が出ればそれでいい。むしろ、全般的に見てほぼ満足という意味での幸せを感じることだと、たいていの人は理解しています。

心理学調査のほとんど、そして本書のここから先のほぼすべてが、【レベル2】の幸福――心理学者の言葉に置き換えるなら「主観的ウェルビーイング」を対象としています。

主観的ウェルビーイングの重要な要素は「生活の満足度」です。

これは、たとえば、

「総合的に考えて、あなたは自分の生活に、どの程度満足していますか?」

といった質問に答えることで、引き出せる感覚です。

そのような問いへの答えは、

「ふだんあなたは、どれくらい幸せを感じていますか?」

という問いへの答えと、非常に強い関連があります。

「喜び」についてであれば、人は自分の心の中を直接のぞいて、そのとき自分が、どれくらいの喜びを感じているかを知ることができるでしょう。

けれども「満足度」となると、その自己申告は、その瞬間の感情とももちろん関係がありますが、さらに経験的な知識を動員する間接的なプロセスをともないます。

つまりたいていは、何らかの比較対象が必要となるのです。

だから、「どの程度満足しているか？」という問いに対して「何について？　何と比べて？」という答えが返ってくるのは当然です。そしてこのことが、生活の満足度を自己申告させると、どうしても周囲の条件に左右されてしまう理由でもあります。

ある実験では、回答者が生活の満足度について質問を受ける直前に、失くしたと思っていた10セント硬貨をコピー機の上に発見するよう細工（さいく）がなされました。

硬貨が返ってきた回答者たちは、返ってこなかった回答者に比べ、自分の生活全般について、はるかに高い満足度を示しました。これぞ、最も安上がりで効果的な公共政策だといえるかもしれません。

けれども、もし回答者がみな、コピー機の上に10セント硬貨があることをあらかじめ知っていたとしたら、そうはいかないはずです。ポジティブな感情は、ある特定の領域で、物事が予想以上にうまくいったときに起きるからです(「幸福」と「幸運」の関係を思い出してください)。

生活の満足度という問いはあまりに漠然としていて判断基準が曖昧なため、おそらく回答者たちは、そのときの感情状態を一種のサンプルとして使い、10セントが戻ってきた小さな喜びを心の中に発見し、自分の人生はなかなかうまくいっている、と答えるのでしょう。

似たような現象はいくらでもあります。

その日の天気が晴れだったり、何かいいことが起きた直後だったり、あるいはきれいな部屋の中だったりすれば、そうでない場合に比べて、生活満足度は多少上昇することでしょう。

逆もまた真なり。しかも少々危険です。ある一面でちょっとした挫折(ざせつ)を味わったばかりの人と話してみると、「何ひとつうまくいきやしない、人生お先真っ暗だ」などというものだからです。

このように、生活満足度の判断材料の一つになるのが、そのときの本人の気分なのです。さらに詳しく言うなら、「そのときの気分など満足度を測る適切な手がかりではない」とあえて気づかされないかぎり、人は気分を判断材料に使ってしまうのです。

それがはっきりと表れた一つの調査があります。

心理学者ノーバート・シュワルツのチームが、晴れた日、または雨の日に、生活満足度を調べる電話調査を行いました。

予測通り、晴れた日の回答のほうが満足度が高かったのですが、調査者が「ところでそちらの天気はどうですか？」などと言って天気のことに触れると、変化が起きました。

天気の話題が持ち出されると、人々は自分の気分がそれに左右されていたことに気づき、全般的な満足度を再度測り直して適切に修正するのです。

このような心理的影響力は、心理療法でうまく使うこともできます。

人生ちっともうまくいかない、と思い込みがちな人に対し、療法士（セラピスト）は、ある一つの側面で失敗があっただけだということ、いまのネガティブな気分は完全にそのせいで、生活の質そのもののせいではないということを思い出させてやればいいのです。

満足度（【レベル2】の幸福）と感情体験（【レベル1】の幸福）。

この関連性をめぐる重要な考え方に、

「満足度というのは、ネガティブな感情とポジティブな感情――つまり、快と不快の差し引きによって決まる」というものがあります。

私たちは人生において、ネガティブな感情の量とポジティブな感情の量とは反比例する――

つまり、どちらかが多ければどちらかが少ないはずだ、と考えがちです。

ところが実際はそうではありません。


ネガティブ感情とポジティブ感情を同時に持つことはあまりないけれど、人生を長い目で観察すれば、ネガティブ感情もポジティブ感情も両方頻繁（ひんぱん）に持つか、あるいは、どちらもあまり頻繁には持たないかのどちらかです。


他人より感情の浮き沈みが（そのどちらも等しく）激しい人もあり、ポジティブ感情とネガティブ感情の起きる頻度の相関性を比較しようと思っても、基本的に相関性などないのです。

満足度を測る理想的な方法は、快と不快（喜びと苦しみ）の体験を差し引きすることですが、満足度を自分で判断せよと言われたとき、人は明らかに、単純な引き算とは別のことをします。

回答者たちにネガティブな（不愉快な）体験、あるいはポジティブな（快い）体験を三つずつ思い出させるという、一つの実験がありました。

一方の条件では、その体験は最近の出来事でなければならず、もう一方の条件では、5年前のことを思い出すよう指示される。そしてその後、全般的な生活への満足度を問われるというものです。

その結果、最近のネガティブな出来事を考えさせられた人たちは、最近のポジティブな出来事を考えた人々に比べて、満足度が低いことがわかりました。

ところが、昔のネガティブな出来事を考えた人は、昔のポジティブな出来事を考えた人に比べて、自分は幸せだと申告した比率が高かったというのです。

この結果を読み解く鍵は「判断の枠組み」にあります。

最近の出来事を考えた人たちは、それらを現在の生活状態の総括に含めているため、ポジティブな出来事は喜びをもたらし、ネガティブな出来事は憂うつをもたらす。一方、遠い過去の出来事を思い出した人は、それらを現在の生活との比較に使います。

そのため、過去のポジティブな出来事だけを考えた人は現在の状態を少々不本意に感じ、過去の嫌な出来事を思い出した人にとっては、いまの生活が急にいいものに思えてくるのです。

判断の枠組みはこれ以外に、他人の生活であったり、あるいは可能性としてあり得た結果だったりします。

人々が自分のパートナーにどれぐらい満足しているか、その回答を、美しいモデルの写真を1枚見せられる前と後とで比較した、ある有名な研究があります。

容易に想像できるように、特に男性については、モデルのような女性を（少なくとも彼らの妄想の中では）自分のものにできたかもしれないという思いが、現実のパートナーに対する満足度を下げることがわかりました。

また、オリンピックの銅メダリストは、銀メダリストよりも満足度が高いといわれています。

彼らにとっては当然、メダルがとれなかった場合のことが比較対象になり、その可能性から辛（から）くも逃れたという思いがあります。

ところが銀メダルを獲得した人が比較するのは、当然、金メダルをとれたかもしれない可能性であり、惜しくも手が届かなかったという悔しさのほうが強いのです。

自分が集団の中でどの位置を占めるかということも、人生をどう感じるかに大きな影響を与えます。

評論家Ｈ・Ｌ・メンケンが、「富める者とは、自分の妻の姉妹の夫より、１００ドル多く稼ぐ人のことだ」と言っています。

ほとんどの人は、まわりが年収2万5000ドルの世界で自分は5万ドル稼ぐほうが、他人が年収25万ドルの世界で10万ドル稼ぐよりもいいと答えます。

しかも、生活に最低限必要だと考える金額は、価格の上昇にともなうのではなく、賃金の上昇にともなって、年々増えていくものなのです。

満足度は正しく測れるのか

私たちに備わっている「恐れのプログラム」には、自分を傷つけそうな物事から逃れるという明白な目的があります。

もし「幸福追求のプログラム」の目的についても同じように考えるなら、それは、生物学的な意味で私たちにとってよい物事（セックス、いい食物、快適な環境）に向かって進み続けること、そして、私たちにとって悪いものから遠ざかることでしょう。

価値あるものに近づくと信号音が鳴って知らせ、宝の埋まった場所から遠ざかると不快音を発してくれる、いわば金属探知機のようなもの。そういった探知機の信号を元に、何をすればよいのかを決断していくのです。

さて、もし幸福感がそのような機能を果たしているとすれば、そこにはある程度の能力が埋め込まれているはずだと考えるのが自然です。

過去のいい経験あるいは悪い経験がどんな感情をもたらしたかを、私たちは正確に覚えているはずではないでしょうか。将来同じ状況に直面したとき、それを避けるべきか否かを判断するために。

また、数ある選択肢の中から一つを選ぶときに、それが幸せをもたらすのかそれとも不幸せを招くのか、正確に予測がつくはずではないでしょうか。

不思議なことに、これらはいずれも当てはまらないようです。

よくも悪くも、生活上の変化が幸福度に与える影響を、人は過大に予測してしまうらしいことが、いくつかの調査から判明しています。

有名なところでは、宝くじで大金を当てた人でも、普通の人よりさほど大きな幸せを手に入れるわけではなく、彼らが平均的な幸福度レベルに戻るのには何カ月もかからないことが知られています。

これらは「適応現象」という、私たちが新しい状況にすぐ慣れてしまう現象によるもので、これについては次章で詳しく見ていきましょう。

未来の幸福について考えるとき、人は自分の適応能力を忘れていることが多いものです。これは重要なポイントです。

適応現象の一つの副作用に「授かり効果」と呼ばれるものがあります。

人は、いま所有しているものが取り去られたら、とてもやっていけないと考えるものなのです。以前はそれなしでも平気で何年も過ごしてきたというのに。

この授かり効果は簡単に目に見える形で起こさせることができます。

たとえば回答者に、ある一つのマグカップと、ある金額のお金のどちらを選ぶかを考えさせる実験がありました。マグカップよりお金を選ぶとしたら、金額がいくら以上ならよいかを問うのです。

すると平均が約3ドル50セントになりました。

ところが別のグループでは、マグカップをずっとその人が所有してよいものとして与えられます。その上で、いったいいくらのお金をもらえば、そのマグカップを手放してもよいかを問います。その金額は平均で7ドル12セントになったのです。両方とも同じマグカップを使ったというのに。

額の大きさが功利性の指標だとすれば、マグカップがすでに自分のものである場合には、その生活が2倍以上改善されたと考えていることがわかります。

物の所有が生み出す幸せにもとづけば、私たちの選択能力など、この程度に過ぎないのです。

では、過去の幸せについてはどうでしょう?

過去の経験をどれぐらいよいもの（あるいは悪いもの）として思い出すかは、次の二つの要因の平均にかかっているようです。

① ピークの瞬間にそれがどの程度よかったか（悪かったか）
② そして、最後がどの程度よかったか（悪かったか）

快感あるいは苦痛の総量は、多くの場合、忘れ去られます。

この現象は、ノーベル賞を受賞した行動経済学者ダニエル・カーネマンらの研究で明らかにされています。

被験者たちは、冷水に片手を入れてそのまましばらく浸けておくという、なんとも不快な実験を命じられます。

一方の条件は、摂氏14度の水に手を60秒間入れておくというもの。

もう一方は、14度の水に手を入れ60秒経過した後、水が15度まで温められて、さらに30秒間そのまま手を入れておくというもの。

手を冷水から出して数分後、もう一度やるならどちらの試験を選ぶかと問われると、ほとんどの人が、時間の長いほうを選んだのです！

(a) 冷水に手を入れるのは非常に不快な経験である
(b) 時間がたてばたつほど、つらくなる
(c) 15度というのはまだ冷たい
ということを考えてみてください。

なぜ、被験者たちは苦痛の量が多いほうを選んだのでしょう？

どちらの条件の場合も、ピーク時のつらさは同じです（摂氏14度）。けれども時間の長いほうでは、最後はほんの少しつらさがマシになります。

つまり、ピーク時のつらさと終わりのつらさを平均すれば、こちらのほうが若干マシだということになるのです。

けれども、人々が、より苦痛の多いほうを選んだという事実に変わりはありません。

これに関連してカーネマンとそのチームが発表した臨床調査では、患者たちは、するどい痛みが短時間あり、その後も少しマシだけれどかなりの痛みが続く内視鏡検査のほうを、短時間非常な痛みがあって後、すぐ終わってしまう検査よりも好むという結果が出ました。

さて、この法則を幸福に当てはめてみましょう。

実際には、多少低いレベルであっても長く持続するほうを選べば、生活における喜びの総量はより大きくなるのに、私たちは、ピーク時により大きな喜びを与えてくれそうなもの、あるいは、最後まで持続する歓喜を与えてくれそうなものを選びがちです。

後者のタイプ——たとえば楽しいパーティーなどは、ピーク時と最後の楽しさの平均という意味からすれば心理的なインパクトは強いけれど、前者——良質の小説を読むこと、あるいは何か新しい技術を習得することなどは、時間をすべて足し合わせれば、より長続きする幸福感だといえるでしょう。

カーネマンはこれらの結果を踏まえて、「客観的幸福」と「主観的幸福」という区別を行いました。

幸せというものはすべて、本来主観的な体験であるはずだから、このような線引きは奇妙に思えるかもしれません。

けれどもカーネマンがいわんとしているのは、【レベル1】の体験、すなわち生活の中の一瞬一瞬について、人がどの程度ポジティブあるいはネガティブな気持ちになるかということが、【レベル2】の幸福度を測るための、いわば生データになるというのです。

これまでの生活でどれぐらい幸せを感じていたかという【レベル2】の判断を下そうとするなら、【レベル1】のデータをただ足し合わせればいいのです。

そのデータとは、たとえばポケットの中にメーターを入れて、快不快の感情が切り替わるたびに操作していけば得られるはずです（これぞ「快楽計」です）。

このメーターによって、主観的な体験の、客観的概要をつかむことができます。

けれども、私たちが現在、あるいは過去、あるいは未来に、どれほど幸せであるかを考えようとするときにやることといえば、実際には、【レベル1】の経験を客観的に総括することよりはるかに不完全です。

人は精一杯推測し、主観的体験について主観的な評価を下します。

けれどもその推測は、「ピーク・エンドの法則」やそのときの気分、比較の基準、自己の適応能力の過小評価などの原因によってゆがめられます。

このために私たちは、自分の行動が純粋に、幸福度にどう影響するのかについて正確な像を描けず、結果、幸せをもたらすわけではない物事を選んでしまうことになりかねないのです。

しかし、本書の後のほうで述べるつもりですが、これらの現象は決して幸福プログラムの欠陥ではなく、実は、そのようにあらかじめ設定されているのです。

なぜなら、人間の脳に組み込まれた幸福プログラムの目的とは、人間をより幸せにすることではなく、幸福になるための努力を続けさせることにあるからです。

だからこそ、そのプログラムは私たちに、現在の年収2万ポンドの生活より、3万ポンドの生活のほうがずっと幸せになれるはずだと誘っておきながら、そのゴールが達成されるやいなや、この至福が長続きするためには、実は4万ポンドの年収が必要だとささやくのです。

本章で見てきたような現象（特に「比較」と「適応」）は、幸福感についてだけでなく、幸福の研究に対しても多大な影響をおよぼしています。

要するに、自分がどの程度幸せなのかを人が語るとき、生活の客観的な状態ではなく、問いに対する心理的な作用をも捉えている可能性があるのです。

裏を返せば、人生最悪の不幸と思える状態でさえも、往々にして、客観的な状況把握(はあく)ではなく、物事を誤った方法で考えてしまった結果であることが多いのです。

そのときの気分の原因である別の要素を差し引いていなかったり、間違った比較をしていたり、ゆがんだ形で過去の世界に住んでいたり——。

またこのことは、私たちが一つの社会として立ち向かわなければならない問題を教えてくれます。

たとえば、脂肪吸引したスーパーモデルの補正画像がきらびやかに表紙を飾り、世界的リーダーたちと氷河をスキーで滑り、柔道だのチェスだの〝カーマスートラ〟だのを趣味にかかげる男たちの話がページを飾る、そんな雑誌が売店にあふれているような今の状況が、私たちの生活の満足度にどんな意味があるのでしょうか？

このような問いを頭の隅に置いて、次章からは、人々が実際にどの程度幸せを感じているのか、具体的な調査結果を見ていきましょう。

第2章

人生は喜びに、満ちている？

あなたが幸せになれない理由

●この世界は苦悩の連続か

「もし人間の目下の存在目的が苦悩することでないというならば、私たちの存在は、その目的から遠くかけ離れていることになる」――「世の苦しみについて」と題する評論の中で、アルトゥル・ショーペンハウアーは、こう語っています。

不運や不幸とは人生の常態なのであって、決して例外ではない。「働き、悩み、苦労し、苦痛に耐える。これこそが、大半の人間が一生負うべき運命なのだ」とも言っています。

たしかに、人間は悩み多き存在です。

・経済的不安
・健康上の悩み
・報われぬ恋

・長年見続けた夢が砕け散る無念さ

ショーペンハウアーという人は、幸福について非常に興味深い理論を持っています。けれどもここでの彼は、たいていの人間はそうとう不幸な生き物であることを、観察の結果として述べているのです。

ショーペンハウアーは、ヨーロッパの偉大な思想家や芸術家たちの中でも「幸福悲観論者」と呼ばれる人々の筆頭です。

「幸せを得るのに必要な条件をそろえるのは、並大抵のことではない。なぜなら、私たちの欲するものと実際に手にできるものとのあいだには、天と地ほどの開きがあるからだ」というのが彼らの信念です。

たとえば、自分はいずれ死ぬのだという自覚や、やる気を失わせるような社会の抑圧、そして妄想を抱かせては苦しめる欲望の心理といったものに、私たちはつねに苦しんでいます。

悲観論者が描く世界では、基本的に人間は不幸であり、それは永遠に続きます。

もしくは非常にまれに、ある種のユートピアが確立されるまで（もしかしたら永遠より長いあいだ）ずっと続くのです。

ここにもう一つ、別の仮説があります。

「人々は概ね自分の運命に満足している」というものです。

古代ローマの諷刺詩人ユウェナリスはこう書いています。

「民衆はとっくに悩むことを放棄し……ただ二つのものだけを欲している。パンと見世物だ！」

幸福悲観論者だったユウェナリスは、ストア派哲学を踏襲して、「人々は自らの欲望のむなしさから、みじめな気持ちを味わうものだ」と考えていました。

ところがここでは、逆のことを主張しているように見えます。

生命維持に必要な基本的欲求が満たされ、最小限の娯楽が確保されているならば、人々は自らを幸せだと評する、というのです。

これら二つの立場を、それぞれ次のように呼ぶことができるでしょう。

(1)「疾風怒濤説」(シュトゥルム・ウント・ドラング)

——欲望と倦怠とが、人間生活の2本柱である。

(2)「パンと見世物説」(ブレッド・アンド・サーカス)
――民衆はとっくに悩むことを放棄している。

これらをあくまで状況説明のための仮説、つまり「世界とはいかにあるべきか」ではなく、「実際にいかなるものか」を考えるものと捉えるならば、どちらが正しいかを探るには、ただ観察してみればいいのです。

自分を幸せだと思っている人々

イギリスでは、国民生活の断面図を描くような大規模な実態調査が定期的に行われています。

その一つが、「全国児童発達調査(NCDS)」です。

これは1958年3月3日から3月9日のあいだに生まれたすべての人を、徹底的に調べているものです。１９５８年の誕生時から40代の現在（本書執筆当時）にいたるまで、彼らの出生、家庭環境、学歴、健康状態がすべて記録されています。連絡のとれる人については、数年おきに、その生活のあらゆる項目について聴き取り調査が行われます。

ＮＣＤＳの記録には、一人ひとりについて、それこそ何千といったデータが蓄積されており、この一つの同年齢集団がどのように成長し、どんなことを考え、どのように行動しているかという、独特の像を描きだしています。

そこから、現代イギリスに特有のテーマについて概観（がいかん）できるだけでなく、その膨大かつ詳細なデータによって、健康、結婚、幸福といった普遍的なテーマについても、優れた研究材料が提供されています。そして、世界のあらゆる場所で行われている比較的小規模な調査の結果をも、裏づけ、あるいは発展させるものになっているのです。

ＮＣＤＳ調査の回答者たちは、幸せに関する何らかの質問をされることがよくあります。たとえば２０００年には、42歳という、いわば「中年の危機」真っ只中の年齢で、これまでの生活をふり返ってどの程度満足しているかを、10段階評価で表すよう求められました。

結果は驚くべきものになりました（図７参照）。

１万１２６９名の回答者のうち、実に９割以上が、「５」より上だと答えたのです。

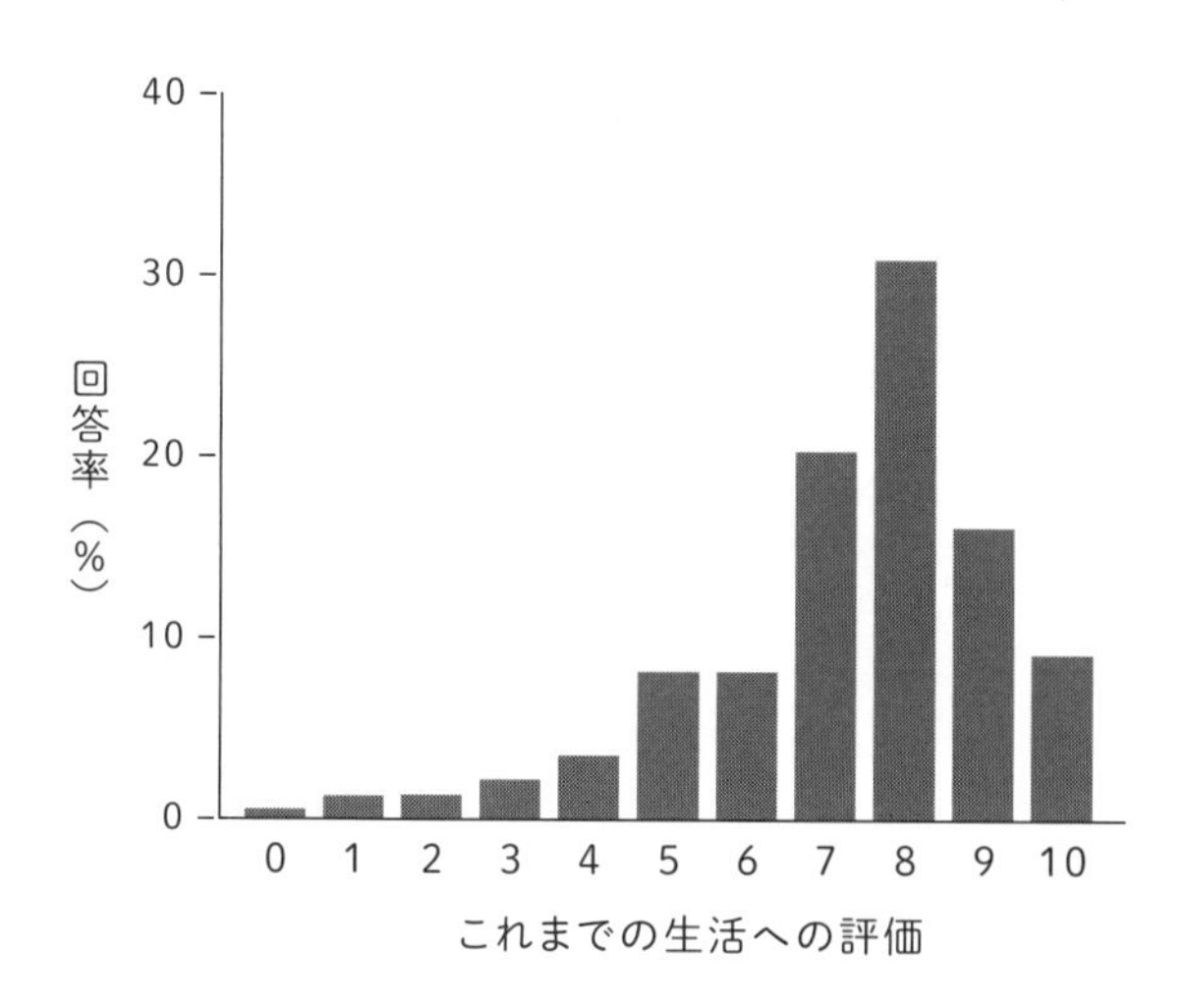

▶図7 「これまでの生活をふり返って、どの程度満足しているか」という質問に対する10段階評価の分布

(2000年度全国児童発達調査[NCDS]より)

国	平均値	国	平均値
ブルガリア	5.03	イタリア	7.24
ロシア	5.37	アルゼンチン	7.25
ルーマニア	5.88	ブラジル	7.39
ハンガリー	6.03	メキシコ	7.41
インド	6.21	イギリス	7.48
チェコ共和国	6.40	チリ	7.55
ナイジェリア	6.40	フィンランド	7.68
日本	6.53	アメリカ	7.71
韓国	6.69	アイルランド	7.87
フランス	6.76	スウェーデン	8.02
中国	7.05	デンマーク	8.16
スペイン	7.13	スイス	8.39

▶図8 生活満足度(10段階評価)の平均値

(いくつかの国を対象とした大規模な個人調査より)

そのうちの半数以上が「8」「9」「10」のいずれかを選び、全体を通して見ても、最も多かった回答は「8」でした。

この結果は、世界のあらゆる国で行われている多くの調査と、実は大差がありません。たいていの人は自分は「幸せ」あるいは「とても幸せ」であると答えます。

年齢、場所、性別、または質問のしかたにかかわらず、この結果はほぼ揺るぎません。

誰もが平均以上の自己評価をする架空の町レイク・ウォビゴンにいるかのように、人々はみな、自分は人並み以上に生活に満足していると答えるのです（レイク・ウォビゴン効果）。

大衆の平均的な状態を表そうとするとき、前述の「疾風怒濤説」は、のっけから否定されたといわざるを得ないでしょう。

もちろん、私が引用したこれらの調査やほとんどの心理学調査は、とても裕福な層を対象に行われていて、過去の時代の民衆が大いに恐れ苦しんだ事柄も、ほとんどが脅威ではなくなっています。

おそらく現代でも、富とは無縁の人たちを対象に調査を行えば、人間の悲哀をもっと浮き彫りにできるのでしょう。

いまでは大規模な国際比較調査がいくつも行われていて、国によって興味深い違いが見られます。それについては次章で詳しく見ていきますが、一つ注目に値するのが、全体的な傾向が、やはりポジティブに傾いているということです。

たとえば、1990年代初めに行われた42カ国を対象とする調査では、満足度の自己評価の平均が、10段階のうち中間の「5・00」を下まわった国は一つもありませんでした(図8参照)。

その分布は幅広く、最も陰うつなブルガリア人の満足度が最低の「5・03」で、最高に能天気なスイス人の平均は、実に「8・39」でした(これはつまり不満を抱いている人がほとんどいなかったか、あるいは「10以上」と答えた人もいたということです)。

また面白いことに、平均が「6」を下まわったのは、みな共産主義体制からの急激な社会変革を体験したばかりの国でした。そのような不安定な状況では、たとえ一時的でも、人生にも懐疑的にならざるを得ないのでしょう。

政情が安定しているところでは、たとえ非常に貧しい国でも、だいたい平均が6~8あたりに集中しています(インドの「6・21」、ナイジェリアの「6・40」、中国の「7・05」など)。

自分を不幸に見せたい人はいない

なぜ人々は、自分のことをそれほどまでに幸せだというのでしょうか。

単純に、生活の中でポジティブな感情のほうがネガティブな感情にまさることが多く、全体として収支が黒字になっているから？　たしかにそれもあるかもしれません。

けれども、幸せの度合いをたずねられたとき、自分は平均以上に幸福だと答えるのには、何か別の理由もあるはずです。

いつも不満ばかり言っている人がいたとしましょう。

この人が暗に示してしまっているのは、自分は人生の目標に到達できる見込みがない、あるいは他人と比較して業績が思わしくないということです。

そんな状態は誰にとっても避けたいことですが、それ以上に、進化心理学者ジェフリー・ミラーの言葉を借りれば、「最初のデートでバレては困る」という類い（たぐい）の事柄です。

つまり、不幸とは、単に不運なことではなく、恋人・友人・同僚（になるかもしれない人）の前では見せたくない、カッコワルイことなのです。

自由主義経済の父であり、感情理論の大家でもあったアダム・スミスも、こう言っています。

「笑顔の習慣ほど優雅なものはない。……悲愴な顔はその逆だ。不愉快な出来事をいちいち気にするような人間は……結局たいした同情も得られない」

このことからもわかるように、幸せについての自己評価がこれほど高いのは、一つには、人々が自らの発する信号に気づいていて、「印象操作」を行っているからでしょう。

書面での調査に比べ、面接調査のほうが生活満足度が高くなるのも、その影響の表れです。質問者が異性であれば尚更のこと。自分をよく見せたいという誘惑にかられるのは、人間にとってごく自然なことです。

逆にいえば、もしあなたが落ち込んでいて、まわりの誰もが幸せに思えるようなときには、他人はみな上手に幸せなふりをしているのだ、と考えればいいのです。

人が自分を平均以上だと考える領域は、実はたくさんあります。

多くの人が、自分は人並み以上のドライバーで、他人より良心的で優しく、将来の目標を必ずや達成できるはずだと思っています。

けれども、現実にはそんなことはあり得ないのです!

このような「自己高揚(こうよう)」の現象は、一つには先ほどの印象操作によるものです。

ところが、実はもっと深い理由もあるのです。

私たちが渡っていく世間は、非常に不安定です。たとえば「幸せな結婚」や「重役の椅子」など、人生の大きな目標に到達できるかどうかを予測するのは、不可能に近いでしょう。

確実な勝算がない以上、私たちは予想を元に行動するしかありません。予想値が低ければ、消極的になります。勝ち目もないのに挑戦するのは無意味だからです。

けれども予想を高く設定すれば、挑戦につながります。失敗することも多いけれど、うまくすれば成功につながるかもしれない。

言い換えれば、人生どう転ぶかは神のみぞ知る——ならば、努力すれば欲しいものが手に入ると信じて、行動するほうがいいということになります。

この理論が正しければ、挑戦してみて成功した場合の利益が、失敗した場合のコストを大きく上まわるときには、自己高揚が起きるはずです。

また逆に、挑戦して失敗した場合のコストが非常に高くつく場合は、自己高揚が慎重さに取って代わられることでしょう。心理学者たちは現在、それを実証しようとしているところです。

ではこれらの作用は、幸福度を測る上でどのように関わってくるのでしょうか。

「あなたはどれぐらい幸せですか?」

この問いは、漠然としすぎていて適切な判断の枠組みに欠けるため、人々は、同僚の生活や自分の理想像と比較することで見きわめようとします。

同僚と比較した場合の自分の状況や、目標を達成できる見通しについて、バラ色に考えられる人は、当然ながら自分はかなり幸せだと推論するでしょう。

このように、ほとんどの人が自分をかなり幸せだと評している事実は、世間で伍(ご)していくための、微笑ましいほど非現実的な心理を反映しているのです。つまりそれは結局、ユウェナリスとショーペンハウアーが喜びそうな現象だということができるでしょう。

将来の満足度を予測する

もし大半の人が自分を幸せだというのなら、彼らの住む世界は、あらゆる可能性の中でも最もよいものなのでしょうか？

NCDS調査では、回答者のほとんどがかなり満足しているものの、完璧な「10」をつけた人は1割にも満たないものでした。

またこの調査では、同じように10段階で、10年後の自分の生活がどうなっているかの予測をたずねています。その結果は非常に面白いものになりました。

現在の生活への満足度の平均は「7・39」でしたが、10年後はどうなるだろうという予測については、平均が「8・05」になったのです。

10年後に今より状況が悪化すると答えたのは5パーセントに過ぎず、49パーセントが現状維持、46パーセントが今よりよくなると考えていたというのです。

「現在の生活に満足している人は、むしろ将来の満足度の予想が低くなるのではないだろうか」と読者は思うかもしれません。

これまで物事がうまく運びすぎた人は、それ以上何も望めず、停滞か失望かに終わるのではないか？ 逆にこれまでうまくいかなかった人は、それ以上悪くなりようがないので、将来の予想は高くなるのではないだろうか？

ところが実際には、逆の結果が表れています。

このグラフ（次頁、図9参照）は、

「10年後の自分は、生活にどの程度満足していると思いますか？」

という問いに対する答えの中央値を、回答者の現在の満足度と比較して表したものです。

現在、満足度が平均以上である人たちは、将来の予想満足度も平均以上になっています。おおまかにいえば、将来への期待は、現状への評価をわずかに上まわる結果になっているのです。ちょうど斜線上に位置するのなら、現在も将来も満足度が変わらないことを示します。もしこの斜線より上に位置するのなら、楽観的であること、つまり今より将来のほうがよくなると考えていることを示します。斜線より下なら悲観的ということです。

ところがグラフを見てわかるように、悲観的なグループは一つもありません。

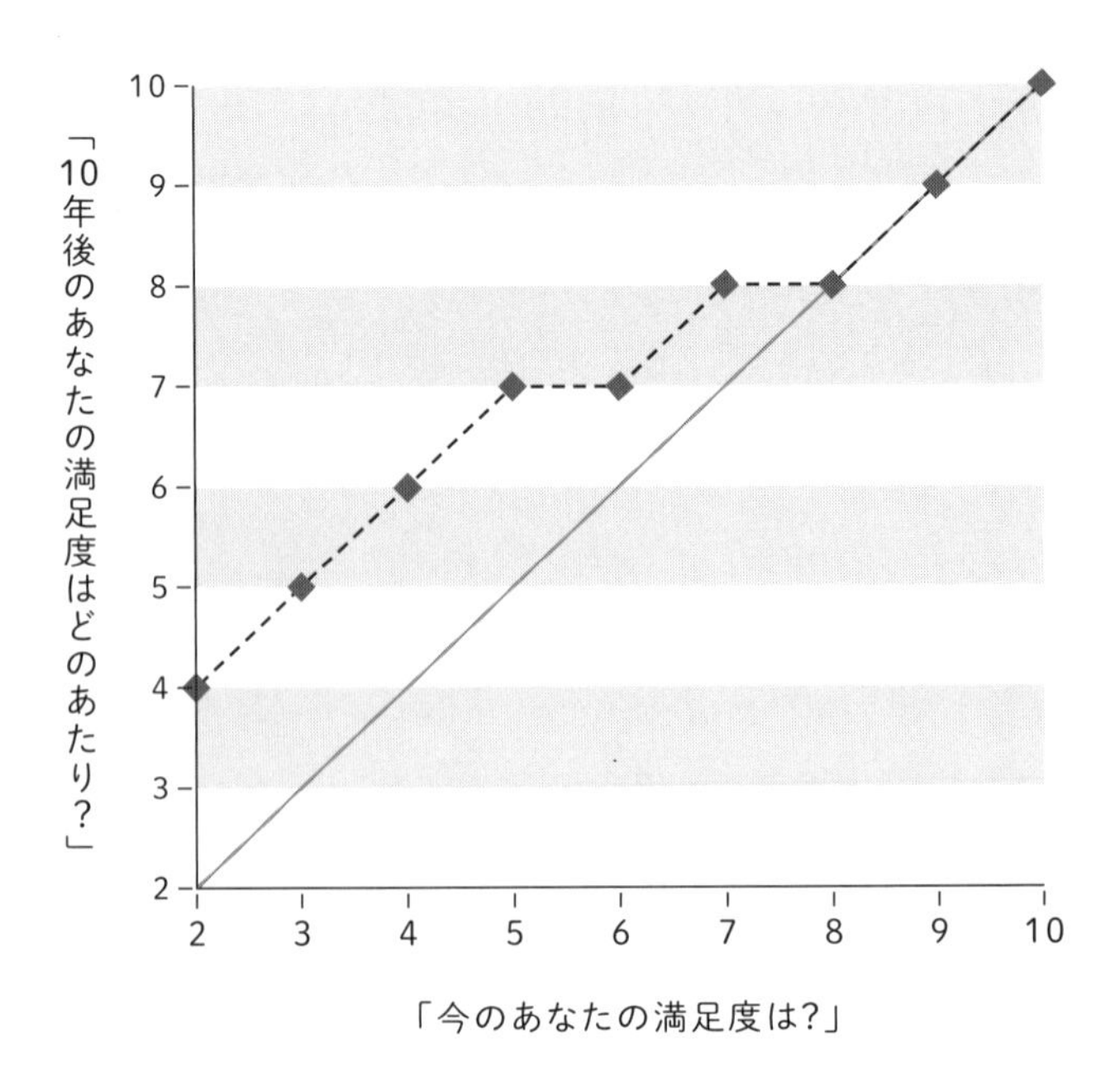

▶図9　「現在までの生活への満足度」と「10年後の満足度の予測」の関係
両者ともに10段階評価

（2000年度全国児童発達調査［NCDS］より）

将来の予想満足度の中央値が、現在の満足度を下まわることはなかったのです。まるでエスカレーターの手すりのように、折れ線グラフが上昇しています。

今日「3」の人は明日「5」になるのを期待し、今日「7」の人は明日「8」になるのを期待する。現在の満足度が非常に高いグループだけが将来も同じだと答えていますが、彼らも決して、いまより悪くなることを予想してはいません。

ならば、多くの人にとっての幸せとは、メインコースをたらふく詰め込んだ後、なおも残る食欲のようなものなのでしょうか。お腹がいっぱいなくせに、「デザートは別腹」で食べられるのです。

もしも「幸福追求の体内プログラム」が、生命にとっていいものに向かわせる手助けをするものならば、それはうなずけます。生物たるもの、どんなことに対してであれ、ほんの一瞬ならまだしも、完全に満足しきってしまってはなりません。

ほんの少し先の角を曲がればよりよい生き方が見つかるかもしれないのに、現状に満足してしまったら、それを探しにいこうとする意欲まで失ってしまうからです。

そのため、どのような状況であれ、現在の満足状態と、考え得るかぎり最高の満足とのあいだには、決して埋めることのできない溝（みぞ）が存在するはずです。そしてこの決定的な裂（さ）け目を狙って群がってくるのが郷愁、霊感、麻薬などなど、ありとあらゆる商品を売り込む売人たちです。

不幸とは無縁の社会は存在するか

本章で紹介したデータやそれに類するものは、考えてみれば、そうとう番狂わせなはずです。リア王のいう「阿呆(あほう)どもの舞台」、すなわち私たち人間の生きるこの世界は、失望と対立、苦痛と死に満ちているのに、当の人間たちの多くは幸せを感じながら生きているというのですから。

幸福悲観論者たちは、現代思想の大御所です。

彼らが間違っていたというのでしょうか?

人々の意識が、「人間存在の悲哀」なるものとこれほどまでにかけ離れていることに、彼らはなぜ気づかなかったのでしょう?

最初に指摘すべきなのは、この人たちがみな知識人であるということ、つまり、比較的神経質な人々だということです。これについては第4章で詳しく述べましょう。

苦悩、沈思黙考、孤独とは、いわば思想家の原動力であり専売特許です。

ですから、大衆の心を観察するという仕事において、彼らはおそらく技術的には優れていても、資質的にはまるで失格だともいえるでしょう。

しかもショーペンハウアーのような知識人たちは、自らの手で市場の隙間を開拓する必要がありました。

「物事は概ね、うまくいっている」
という前提では、それこそ理論の進めようがありません。

幸福悲観論者は、なにも一握りの哲学者や詩人に限りません。大きな社会的・個人的変革運動は、そのほとんどが、つねに「私たちは不幸である」という前提から始まっています。

マルクス主義者からすれば、庶民は生産手段を持たないため社会から疎外(そがい)されている、ということになります。宣教師からすれば、神の言葉に心の耳を傾けなければ、人はみじめに労するのみ、ということになるでしょう。

そして本屋の棚という棚が心と体と霊とを導くガイドブックで埋め尽くされていて、その根底には、私たち現代人が心満たされず、ストレスを抱え、ことごとくむなしく、ことごとく不幸せである、という大前提が横たわっているのです。

ありとあらゆる療法(セラピー)、栄養補助食品(サプリメント)、気分薬、自己啓発本、リラックスマッサージ、カルト宗教などを試す機会が、私たちの周囲では急激に増えています。効果のほどはさまざまであっても、このこと自体はあまりにも奇妙な現象です。

まあまあ幸せだと感じている人々が、不幸せを解消するための事物を消費するのに、これほど躍起(やっき)になるのはなぜなのでしょうか？　しかも、「ここに幸せあり」という噂を聞くと、私たちはいとも簡単にだまされてしまうのです。

かつて、人類学者のマーガレット・ミードが『サモアの思春期』という本を出版しましたが、その中で彼女が描いたこの太平洋(パシフィック)に浮かぶ島の生活は、文字通り平和(パシフィック)そのものでした。羨望(せんぼう)も嫉妬も対立も暴力もない、いわば地上の楽園です。

しかし実は、ミードは普通の旅行者以上にサモアに滞在したわけでもなく、そもそも島に到着する以前に、自分の出したい結論がとっくにわかっていたのです。

驚嘆（きょうたん）すべきはむしろ、堂々とフィクションを書こうという（ある意味立派な）動機にしたがったミード本人ではなく、この著作への世間の反応です。

『サモアの思春期』は人類学分野では空前のベストセラーとなり、何百万という人の考え方に影響を与えることになりました。

読者はどうやら、不幸とは無縁な社会が存在するという話には、あまり深く考えずに飛びつく傾向があるようです（しかも、サモアには対立も暴力もほかの国並みに存在することを示す著作が、すでにいくつも存在していたにもかかわらず、この幻想を素直に受け入れたのです）。

けれども、そもそもそのような結論が導けるはずがありません。

私たちの社会よりはるかに貧しく、出産にともなう病気や困難も多い、非常に不安定な国において、世界じゅうの人間と等しく、恋愛、競争、老化など生きるための葛藤（かっとう）にさらされている人々なのです。

それなのに、彼らのことを最高に幸せな人々なのだと納得してしまうこの現象は、サモア人よりも、むしろミードの読者の心理について語るところが多いのではないでしょうか。

●つねに不満の余地は残されている

さて、ここで二つの疑問が持ち上がります。

第一に、私たちのほとんどが自分のことを幸せだと思っているというのに、人間とは不幸なものだという前提に立った思想に、なぜ人々はこれほど耳を傾けようとするのか。

第二に、なぜ私たちは、どこか別の時代、別の国、あるいは別の生活様式のほうが、自分たちの生活より幸せに違いないと思い込んでしまうのか？

最初の疑問については、幸福に関する自己評価が、そのときの状況に左右されやすいことを思い出してください。

自分はまあ幸せだと思っていても、最近の不愉快な出来事を指摘されると、にわかに自信がしぼみます。魅力的な他人の写真を見せられたりするだけで、人は自分の幸福度を測り直すものなのです。

ユートピア思想主義者がまず指摘するのは、私たちが現在の生活でじれったく感じているような事柄です。

「一日じゅう汗水たらして働いているのはおまえなのに、工場を所有しているのは別の人間ではないか」

「むしょうに淋しくなったり、生きる気力が萎えるときもあるではないか」

そう言われると、現代生活はストレスだらけという考え方に、つい同調してしまいたくなるのです。ショーペンハウアーを読めば、人生とはつくづくつまらないものだという気がしてきます。こうして無意識のうちに、一つひとつ別の要素が集まって、生活全体を評価するための枠組みになってしまうのです。

けれども、人から言われないかぎり、それらの要素も特に目立つわけではなく、幸福度の判断に影響を与えるまでいかないものです。

第二の疑問については、もし幸福追求の体内プログラムが、私たちに最適な物事を探させるために存在するのだとしたら、どこか別の場所によりよいものが存在するかもしれないという可能性に敏感になるのは、いってみれば当然です。

つねに地平線を見わたして、よりよい環境、よりよい社会システム、よりよい行動様式を見つけようとするからです。そして、本当にすばらしいものが目の前に表れたときのために、つねに不満の余地を残しておくのです。

悲観論者たちは、このわずかな隙間につけ入り、生活の中で最も不愉快な側面に目を向けさせて、それを人生の大きな決断の判断材料に仕立て上げます。

もちろん、その診断や治療法が間違いだというわけではありません。けれども、もっとバランスよく物事を見つめ、批判的な頭をもって考えたほうが賢明です。

私たちの体内に埋め込まれた幸福追求のプログラムは、いまよりよさそうな別の選択肢を発見させて、そこで終わりではありません。私たちがそれを追求するよう仕向けなければならないのです。

だから、まずは高い地位や安らぎ、セックス、美貌などに関する情報をすばやく察知し、「これらを手に入れさえすれば、もっともっと幸せになれるよ」と心の声でささやくのです。

そこには真に人を幸せにするような事柄もあるでしょう。けれども悲しいかな、人間のすることには、長い目で見れば幸せなどもたらさないもののほうが、はるかに多いのです。

人はそれらを欲しますが、いったん手に入れてしまうと、こんどは別のものへの欲求に心を奪われてしまいます。

これほどまでに欲求が強いということはすなわち、私たちは、ある一定の条件がととのえば「完璧な幸せ」が訪れると単純に信じてしまっているということです。

けれども、いかに外面的な条件がととのえられようと、人が完璧に幸せになるということはあり得ません。愛する相手が必ずしもこちらを愛してくれるわけではないし、自分の中で、たとえば性的関係と友情、野望と安らぎ、お金と時間といった、相矛盾する目標を追いかけて板ばさみになることもあります。それらの葛藤を取り除いてくれるものなどなく、なんとか折り合いをつけてやっていくしかないのです。

一方で、人間というものは、いかに悲惨（ひさん）な状況に置かれても、何かしら喜びを見つける能力に長（た）けています。人間とは、火山の裾野（すその）に住みながらも葡萄（ぶどう）の木を植え、悲劇的な体験を経てなお喜びの種を見いだす存在なのです。

もちろん、だからといって何をしようが関係ないというわけではありません。

公共政策の中でも本当に人々の生活を向上させるものもあれば、悪化させるものもあります。あるいは「幸福感の溝」をせばめるための心理学的な方法もあります。それについては後の章で述べましょう。

本章で取り上げたデータは、ある種の歯がゆさを具体的に示しています。

物事は見た目ほど悪いわけではありません。人間はつねに不幸せだと感じているかといえば、そうとは限らないのです。

もしもあなたが、どんなときも人生は灰色だとしか考えられないとしたら、

「比較の対象が間違っていないだろうか」
「むやみに過去や未来にとらわれていないだろうか」

と自問してみればいいのです。

けれども一方で、この世に完璧な人生などあるわけがなく、無上の幸福など人生の設計図には載っていません。いかなる時代であれ場所であれ集団であれ、完璧な幸福を標榜するものはいっさい信用してはならないし、ユートピア的な発想はまず疑ってかかるべきです。だいたい、果敢に人生に立ち向かっているサモアの人々に対して、彼らの生活のほうが単純だなどというのは、失礼千万（せんばん）な話です。

このような結論はがっかりすべきものではなく、むしろホッとするものです。「他人の人生はバラ色で、自分の人生はそうではない」という不安から我々を解放するからです。

第3章

幸せな人って、どんな人？

ウェルビーイングの基盤

人生に何を望むか

ジークムント・フロイトの有名な言葉に、

「ウェルビーイング（良好状態、安寧）の基盤は愛と仕事」

というのがあります。

幸福悲観論者の彼は、

「人生に望めるのはせいぜい、悲惨な苦しみが月並みの不幸に変わることぐらいだ」

とも述べています。

より幸せなのは、いったいどんな人なのでしょうか？

生活に愛がある人か、それとも仕事が充実している人なのか。何百万ドルも稼ぐ人か、時間がたっぷりある人か、それとも崇高（すうこう）な目的にひたすら献身（けんしん）する人なのか。

これらは実は、心理学調査を使えば簡単に実証できる類いの質問です。

けれども、そういった質問や相関係数を考える前に、まずは余計なものを取り除いておきましょう。

前章で、幸福についての人々の自己評価は気まぐれで状況に左右されやすく、さらに印象操作もほどこされることを述べました。もし一事が万事そうなのであれば、幸せなのはどんな人かという調査をしても、あまり意味がありません。

繰り返しますが、ほとんどの人が自分のことを「まあまあ幸せ」から「とても幸せ」と表現しています。つまり、ここで追究するべき差は、さほど大きくないということです。

しかし、同じように上方に位置していても、中間点「5」に近い集団とほぼ満点の「10」に近い集団が存在することについては、やはり何らかの説明ができるはずです。

生活満足度の自己評価は、そのときの気分や置かれた状況によって影響を受けるものですが、さまざまな雑音の中にあっても、よく耳をすませば、本物のシグナルがはっきり聴き取れるのです。

一つには、ある人が数カ月または数年にわたり何度か生活満足度を問われた場合、その答えは、完全にではないものの、その人なりに首尾一貫しているものです。

グループごとに観察すれば、さらにその一貫性は強くなります。

また個人の自己評価は、その友人や家族が当人をどの程度幸せと見ているかという他人の評価、あるいは、笑いの量や中立的な第三者による観察などの客観的な評価と、ほぼ一致します。しかも本章で報告する傾向は、かなり高い確率で、諸外国での複数の調査でも同じように表れます。

幸福度の自己評価と健康の関係

最もはっきりしているのは、幸福度の自己評価と健康の関係です。

ある修道女の集団を対象とした、アメリカの調査があります。

最初に修道請願を立てるときに書く自伝的な文章から、まずシスターたちがどの程度ポジティブな感情を表現しているかを評価します。それから彼女たちの平均余命を調べます。

これはとても自然な調査のよい例です。なぜなら、修道女というのはみな似たような食生活、行動様式、結婚・出産歴を持つからです。

調査の結果、自伝文の中でよりポジティブな感情を表現していた、上から25パーセントのグループのうち9割が、85歳になっても健在でした。

逆にポジティブな感情表現に乏しかった25パーセントは、85歳まで生きた人が34パーセントしかいませんでした。

ポジティブな感情志向が心身の健康につながることを示す研究は多くありますが、この調査結果もその好例だといえます。

しかも、ある一時点における二つの変数の関わりを示すばかりでなく、人生のある段階における幸福度が、何年ものちの相対的な健康状態や、病気やケガの回復時間などを予測する、変数になっているというのです。

もちろん相関があるからといって、それがすなわち因果関係を示すものではなく、幸福感が、病気に負けない健康な体をつくり出すと証明しているわけではありません。

この調査は、人々のウェルビーイングについての自己報告が、何か、単なる幻影以上のものにつながっていることを物語っています。

表現のしかたは人それぞれであっても、平均的に見て、それは何かとても大事なこと(心身の強さ、ストレスへの対処法、社会的なサポートなど）と関係があり、ひいては寿命の長さにまで関わってくるのです。

この事実ひとつをとっても、人々の幸福感を研究し促進するのは意味があるというものです。幸福度の評価とは、とても気まぐれで変わりやすいものです。けれどもそれは、何か興味深い事柄を測ろうとすれば、必ずついてまわることです。

いわく言いがたい物事を測ろうとする場合、心理学者は普通、次の二つの条件が満たされると安心します。

①　繰り返し測定したり少しだけ違う方法で測ってみたりしても、最初の結果とさほど変わらないとき（信頼性の基準）

②　最終的にとった方法が、客観的で重要な結果を導くとき（妥当性の基準）

幸福感の自己評価という方法は、だいたいこれらの基準を満たしているものです。

どのような傾向であれ、そこに読みとれるものは真剣に吟味されるべきでしょう。特に調査の規模が大きかったり、さまざまな集団において同じ結果が繰り返されるような場合には尚更です。

女性と男性では幸福感が違う

では、幸せな人とは、いったいどんな人でしょうか。

ここでもう一度、前章で取り上げたＮＣＤＳ（全国児童発達調査）に目を向けてみましょう。

生活への満足度を10段階評価でたずねたところ、答えの平均は7・29でした。そのうち女性の平均は7・34で、男性の平均は7・23。

さほど大きな差ではありませんが、統計的に見れば、この差の信頼性は高いといえます。この年代のイギリス女性は同年代の男性に比べ、わずかに生活満足度が高いのです。

これはやはり、新聞や雑誌でやたらと取りざたされる「男性的役割の危機」を表しているのでしょうか？

単純にそうとも言い切れません。男性よりも女性のほうが不安や恐れ、悲しみ、あるいは恥や罪悪感などの社会的な感情を強く抱いていることが、多くの研究から明らかになっています。

NCDSの調査でも、「不安に関する項目」を見ればそれが裏づけられます。

それは、生活の中でのネガティブな感情（みじめさ、心配、いらだち、無力感など）についてたずねている項目です。そこでは男性より女性のほうがはるかにこれらの感情に苦しんでいる様子が見て取れるし、健康状態についての問いを見れば、うつ病で治療を受けているのは女性のほうが多いのです。

なぜ、女性は、よりみじめでありながら、同時に、より幸せでもあり得るのか？

日常的に感じるネガティブな感情とポジティブな感情は、どちらかが多ければどちらかが少なくなるという性質のものではないこと、そして生活満足度はその両方から影響を受けるということを思い出してください。

つまり、女性はネガティブな感情もポジティブな感情も、どちらもやや強めに持つものなのです。実際そうであることを示す調査もいくつかあります。

女性がより激しい感情を抱くことをめぐっては、実際の感覚がそうなのか、あるいは表現が大げさなだけなのか、そしてもしそれが前者であったとして、感情とその表現はそもそも区別できるのか、という議論が続けられています。

いずれにせよ、女性が男性よりも強い感情を体験していることは、間違いなさそうです。

お金があれば幸せになれるのか

「『お金で幸せは買えない』などというのは、どこで買い物をすればいいかを知らない人だ」

――そんなことわざがあるとか。

ならば、NCDS調査で、財産が幸せをもたらすという結論は導けるのでしょうか?

社会経済的地位を表す一つの指標が「社会階級」です。

イギリスでは、職種を社会的地位を反映する五つのカテゴリー、つまり第1種(専門職)から第5種(単純労働)まで分類して評価します。

この社会階級による生活満足度の違いは、劇的ではないものの、統計的に高い信頼性をもって表れます。最も高度な職種集団の満足度の平均は、単純労働者の平均を10段階評価で0・5ポイント上まわっています（図10参照）。

ちなみにこの図には失業者は含まれませんが、ほかの研究を見れば、失業者はほかのどんな階級に比べても、満足度が低いことがわかっています。

高い階級のいったい何が、満足度を向上させるのでしょうか？

まず当然考えられるのは、「富が喜びをもたらす」という答えです。

階級が上になればなるほど財産は増えるし、ＮＣＤＳ調査では、所得と生活満足度に多少の相関を見て取ることができます。

しかし、社会階級が反映しているのは所得だけではありません。

それは同時に、教育程度、職業選択の自由、職場での相対的な地位、仕事以外の活動への参加度などを測る指標でもあるのです。所得が同じ人同士を比べた場合にも、生活満足度と社会階級のあいだには依然として関連性があります。

ところが、階級が同じ人同士を比べた場合、所得と生活満足度のあいだには、ほとんど何も関係がないことがわかります。となると、高い階級のもたらす、何か所得とは無関係な特典が、満足度を向上させているのではないでしょうか。

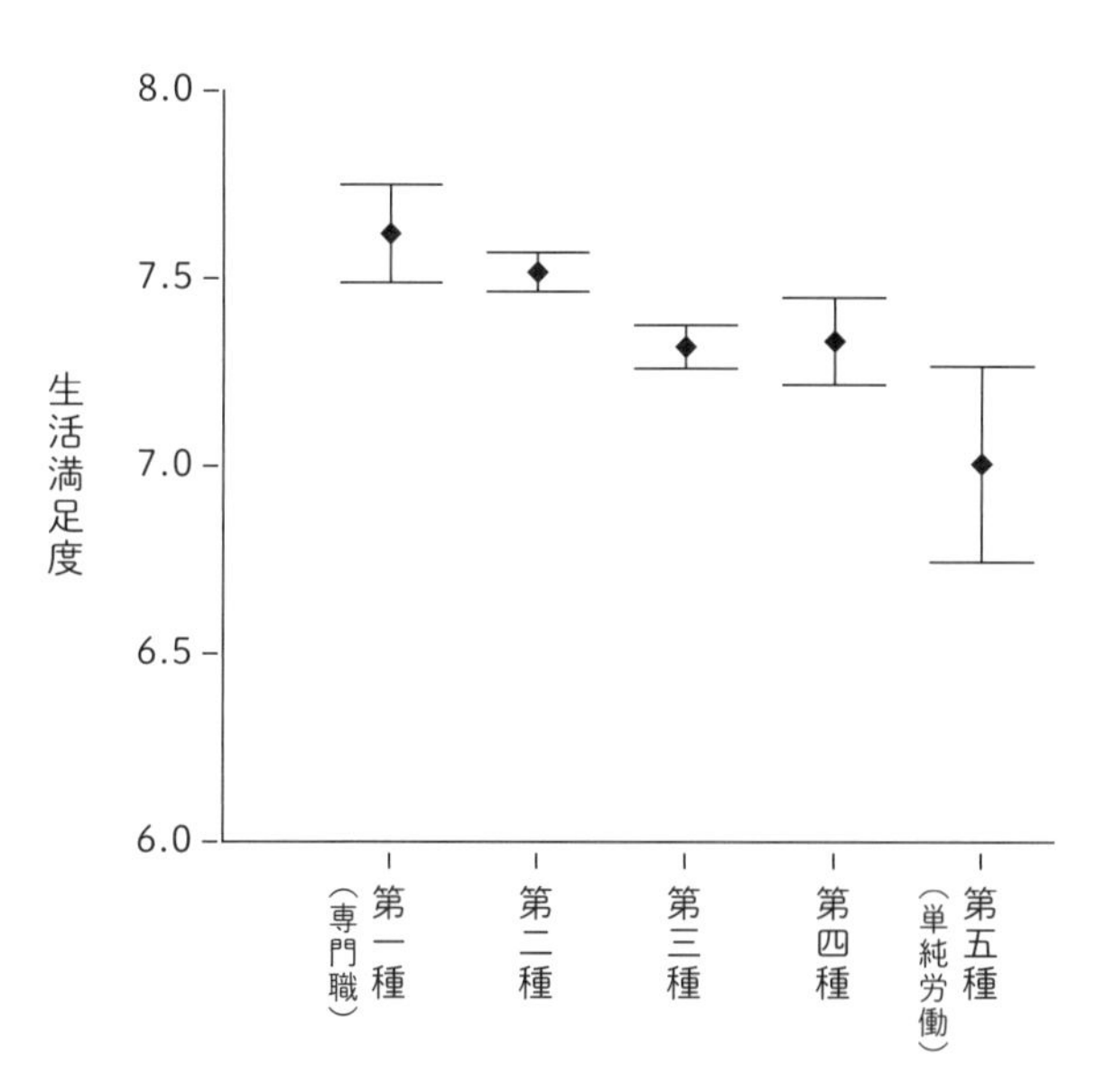

▶図10　現代イギリスにおける社会階級(職種分類)と生活満足度の関係

(2000年度 全国児童発達調査［NCDS］より)

この所得と生活満足度との関連性、むしろ非関連性は、ある一つの驚くべき、けれども確かな事実を説明してくれるものです。

過去半世紀のあいだ、先進国の1人当たりの所得は何倍にも増えたのに、幸福度はまったくといっていいほど変わっていません。

たとえばアメリカでは、1970年から1990年まで、平均所得は実質約300パーセントに増えました。ところがそれにともなう平均満足度の向上は見られないのです。

これはある意味パラドックスです。多くの研究から、どの時代においても、所得と満足度のあいだにはわずかながらも確実な相関があるというのに、すべての人の所得が増えたにもかかわらず、幸福はそれにともなって増大したわけではないというのですから。

これには二つの理由が考えられます。

一つは前にも言ったように、高い社会階級に身を置くことのよさとは、所得とは無関係の何か別の要素だということ。

世間一般の所得が飛躍的に向上したとしても、それは単に購買力が高まっただけであって、安心感、目的意識、自由などといったものが変化したわけではありません。今日のビル管理人は30年前の医師に比べ実質的には裕福になっていますが、それでもビル管理人はビル管理人、どこでいつ何をするかという自由が、昔のビル管理人に比べて広がったわけではありません。もう一つの理由、これはいま述べたことに関係しますが、満足度を判断する際に何より重要なのは、他人と比べてどうなのか、という点です。

この二つの理由は、どちらも正解のはずです。多くの研究から、満足度に影響するのは絶対的な富ではなく、相対的な富であることがわかってきたのです。

人生は自分で管理する

自主性をめぐっては、NCDS調査の中に、生活の管理をたずねるさまざまな問いが設定されています。「やりたいことを、たいていの場合やることができる」よりも、「やりたいことを、ほとんどの場合できないでいる」のほうが、自分の生活に当てはまると答えた人は、第1階級の中では10パーセント足らずでしたが、第5階級では34パーセントにのぼりました。

第1階級では96パーセントが自分の生活を自分で管理できていると答えましたが、第5階級では81パーセント。もちろん、81パーセントは立派な多数派です。

けれども、ほとんどの人が自分はかなり幸せだと感じているのだし、自らの運命がコントロール不能だなどと、あっさり認めたくないのが人情でしょう。

生活の管理に関する問いへの答えを集めれば、「自主性」という評点が見えてくるはずです。この点数は第1階級で最も高く、第5階級で最も低くなりますが、一つの階級の中でも、個人によってかなりのバラつきが見られます。

自主性は、所得以上に幸福につながりやすいようです（統計的にいえば、相関関係が20倍）。国民所得分布の中で所得が低いほうから25パーセントに入っているのに自主性評点の高い人と、逆に、所得が高い25パーセントに入りながらも自主性評点の低い人を比べてみたときに、このことの重要さがはっきりわかります。

貧しくも自由を得ているグループが生活満足度7・85の高水準を記録したのに対し、裕福ながら自由を与えられていないグループは5・82と満足度が低いのです。

このことからわかるように、社会というピラミッドの上方にあっても、生活を自分で管理できる機会が与えられて初めて、幸せを感じることができ、逆に所得がたとえ低くても、自分で自分の生活を管理できる道があれば、やはり幸せだと思えるのです。

人生において次にやることを選べるという自主性は、健康にも関わってきます。

イギリスの公務員を対象とした興味深い調査がありました。

そこでは体の健康と平均寿命が、公務員の等級に比例するというのです。どの等級の職員も、決して貧しいわけではありません。けれども高い地位と同様、高い等級にあれば、仕事上自分の裁量に任せられる場面が多く、また優れた成績を上げることができるのも、ほとんどそのおかげだといえるでしょう。

物質的な報酬がどうであれ、人は、他人からの指図を嫌うものだからです。

どんな幸せも「あたりまえ」になっていく

給料が上がるとうれしいものです。人によっては狂喜乱舞するかもしれません。

けれども長い目で見れば、昇給したからといって幸せになれるわけではありません。それは、「適応」という現象が起きるからです。最初は至福に酔うほどだったのが、その状態に慣れるにしたがって、やがて幸福度は元の状態に戻ってしまいます。

1971年に有名な学術誌でこの適応という概念を最初に紹介したのは、心理学者フィリップ・ブリックマンとドナルド・T・キャンベルでした。

その後の研究で、宝くじで巨額の富を手にした人も、最初に幸福度が一気に上昇するだけで終わってしまうことがわかりました。数カ月もたてば幸せな気持ちもしぼみ、元の木阿弥。人間の欲望の愚かさをするどく批判したユウェナリス（古代ローマの諷刺詩人）やストア派の学者が喜びそうな結果です。

ブリックマンとキャンベルは「幸福のまわし車（ヘドニック・トレッドミル）」というみごとなたとえを使って、幸せの貪欲（どんよく）さを説明しました。

望ましい状態を一つ手に入れるたびに、私たちはそれに慣れっこになってしまい、満足度は以前の状態に逆戻りしてしまう。その結果、私たちは再度がんばって進もうとするけれども、ネズミのまわす車輪と同じで、結局どこにもたどりつくことができない――。

この「幸福のまわし車」がカラカラとまわっている様子を、アメリカ人の生活調査を用いてくっきりと描いて見せたのが、ロサンゼルスの経済学者リチャード・イースタリンでした。

回答者はまず、多くの人が大枚をはたいてでも所有しようとする消費財（家、車、テレビ、海外旅行、プール、別荘など）のリストを見せられます。それから、自分が理想とする生活にぜひとも必要だと考えるアイテムを、チェックするよう求められます。

次に、同じリストの中で、すでに所有しているものにもチェック。そして16年たったのちに、同じ人たちを対象に、この調査が再び繰り返されたのです。

大人になって間もない頃は、これらのぜいたく品はほとんど誰も持っていませんが、徐々に所有する数が増えていきます。

ところが奇妙なことに、人々の所有率が高まれば高まるほど、それと同じスピードで、理想的な生活は遠のいていくというのです。

若い頃は家と車とテレビさえあれば十分だったのに、年をとるにつれ、どうしても別荘を持たなければやっていけない、と思えてくる。16年の月日のあいだに、所有している数が平均1・7アイテムから3・1アイテムに増えたというのに、同時に、理想的な生活に必要だと考えるものも、平均4・4アイテムから5・6アイテムへと増加。いつになっても、二つばかり足りないということになります。

新しいものの獲得と所有することへの執着は、老境に入れば多少は緩和されるものの、このようなインフレ状態は一生続きます。その結果、生活に必要な消費財については、たいていの場合、ただそれらを手に入れるだけでは、何も向上しないということになります。

その国に生まれて幸せか

さて、国による生活満足度の違いを、ここではどう考えればいいのでしょうか。

先ほども述べたように、国による差はそれほど大きくありません。すべての国で、平均が10段階中5から8のあいだにおさまっているからです。

とはいえ、差がないわけではない。

その国の国民総生産、つまり経済レベルである程度見当がつきますが、先進国の中だけで見れば、国全体の所得が上がっても、やがて国民の幸福度は頭打ちになってしまうという、一見矛盾するような事実も考慮に入れなければなりません。

おそらく金銭的な豊かさは、ある一定のレベルまでいけば関係なくなるのでしょう。

ある研究によれば、国民のウェルビーイングの度合いは、その国が貧しい場合は、国民所得が向上すれば右肩上がりになっていくけれど、所得が一定の水準を達成すると横ばいになるといいます。

可能性として考えられるのは、所得そのものは、決して幸福を生み出すものではないということです。

世界を見わたしてみると、国民所得は、政治的自由、人権、公平性、犯罪率の低さなど、もっと漠然とした変数にも比例しているようです。実はこれらの要素こそ、大事なのではないでしょうか。

民主主義や人権などといった項目は、ある程度経済が発達しなければ実現できないものですが、その先は、所得が向上してもたいして影響を受けません。

その他の項目、たとえば犯罪や社会不安、経済成長などといったものは、最初は幸福度に非常に大きく影響しますが、取り除ける害悪がすべて取り除かれ、避けられないものだけが残った後は、ほとんど影響力を持ちません。

つまり、国民のウェルビーイングと国民総生産の相関は、ある一定の水準に至ると横ばいになるけれども、その水準は経済的先進国ではすでに達成されているのです。

結婚生活が幸福感におよぼす影響

ウェルビーイングに関する研究成果で最も確かなのは、既婚者は独身者に比べて満足度が高いということです。ＮＣＤＳの調査結果も例外ではありません。

図11が示すように、結婚している人は、そうでない人に比べて、かなり強く幸せを感じています。

その次に満足度が高いのは同棲している人で、その後、一度も結婚したことのない未婚者が来ます。一度結婚はしたものの、離婚したり別居中だったり死別したりした人は、比較的幸福度が低くなります。

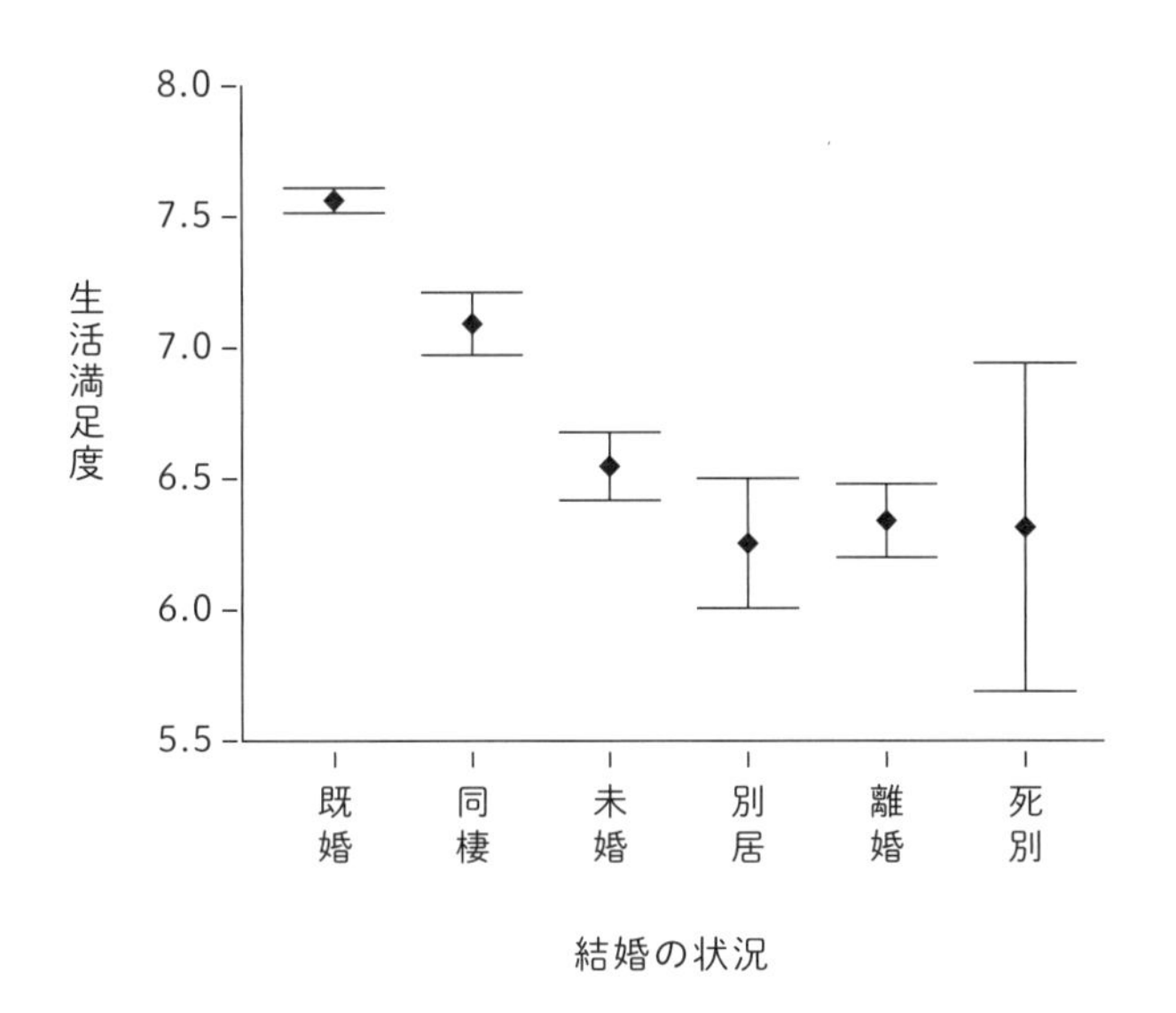

▶図11　現代イギリスにおける配偶者の有無と生活満足度の関係
回答者はすべて42歳

（2000年度全国児童発達調査［NCDS］より）

この図の資料は2000年の調査結果で、したがって回答者たちは42歳。その頃までにはたいていの人は結婚しています。結婚することがいわばあたりまえの世代なのです。結婚することがそれほど当然とは思われていないところでは、この傾向はさほど強くはないかもしれません。

けれどもいずれにせよ、配偶者の有無は比較的強く作用する項目です。社会階級以上に生活満足度に影響をおよぼし、しかも多くの別個の調査でも、基本的に同じ傾向が見て取れます。結婚生活から得られる利益は、男女によって程度の差があるだろうと思われてきましたが、こと生活満足度については、そうでもないようです。

このNCDS調査では、既婚女性と未婚女性の幸福度の差は1・05ポイントであるのに対し、男性の場合はその差が0・97ポイント。離婚者との差で見ると、女性で1・28、男性で1・16。性別による違いはわずかなもので、女性のほうが感情表現の幅が広いことを考えれば、差はほとんどないといっていいでしょう。

つまり、配偶者の有無がおよぼす影響は、男女ともにほぼ同じなのです。

フロイトの「愛情（それも聖書的なよき愛情）が幸福への鍵である」という言葉は正しかった、と安易に結論づける前に、ここに表れたパターンをもう少し深く掘り下げてみる必要があります。

この手の調査結果から、「結婚はいつの時代も幸せへの近道だ」などと結論づけてしまいがちですが、逆に、「幸せが結婚への近道だ」ということはできないでしょうか？

外向的な人ほど他人と恋愛関係を築きやすく、しかも喜びを感じやすい。逆に、元来神経質な人ほど憂うつになりがちで、そういう人は結婚も長続きしにくい。

要するに、もともと幸せな人のほうが結婚する割合も高く、結婚生活も長続きすると考えたほうが、結婚生活自体が喜びをもたらすと考えるよりも、自然なのではないでしょうか。もちろんそれがすべてではありませんが、このことを確かめるには、同じ個人を独身時代から結婚している（あるいはそのまま独身でいる）状態に至るまで、追跡調査するしかありません。

あるドイツの研究では、同じ2万4000人の回答者を対象に、毎年、最長で15年にわたって調査が行われました。その結果、たしかに、結婚に至ったのは最初から比較的幸せだった人であることがわかったのです。

ところが話はそれにとどまりません。元がどんな状態の人であれ、結婚生活に入るということは非常に大きな喜びをもたらすものです。けれども2年もたつとこの熱も徐々に冷め、だいたい元の状態に戻ってしまうのです。

面白いことに、結婚生活に入る際の個人の反応には、かなりのバラつきがあります。短い期間に急激な幸福感の増大を感じた人は、その状態が長く続きます。逆に、結婚生活への最初の反応が比較的弱かった人は、数年もたてば、さほど幸せではなくなってしまいます。しかも、これは結婚生活を維持している人だけを対象にした調査です。

同じ研究で死別者についても調査がなされましたが、配偶者の死をなかなか受け入れられない現実が浮き彫りにされています。おそらく人間には、決して慣れることができない状態が存在するのでしょう。だとすれば、これは前に述べた「授かり効果」のケースの一つといえます。何かを失うことは、最初からそれを持っていなかった場合よりも何倍もつらいのです。

なぜ配偶者の有無がこれほど強い影響をおよぼすのかについては、いまだ定かではありませんが、ドイツのデータ同様、「適応」が早く完全に行われるわけではないことが、ほかの調査からも読みとれます。

NCDSのパターンについての解釈で私が気に入っているのは、どちらの方向であれ、結婚をめぐる変化は、その人の幸福度に短期間でかなり大きな変化をもたらすというものです。

当時NCDS回答者たちの年齢が42歳だったことを考えると、既婚者のうち文字通りまだ新婚だった人も多かったでしょうし、離婚経験者の多くは苦しみの只中にあったか、その衝撃をまだまだ強く感じていたことでしょう。

これらの劇的な変化の影響をまだ強く受けていた人たちが、同じ立場にあるグループの平均値を大きく動かしたのはないでしょうか。けれども、こういった人々ももう少し時間が与えられれば、適応できない（慣れない）わけではありません。

たとえば社会階級という要因に比べて、配偶者の有無のほうが、幸福度に比較的強い影響を与えるように見えるのは、回答者たちがどちらかといえば、社会階級的変化ではなく結婚生活に関する変化の只中にあったからだといえそうです。

慣れないことが幸福度を下げる

では、私たちが決して慣れない、適応できない、というものは何かあるのでしょうか？

おのずといくつか候補が浮かびますが、それぞれに意味深いものです。

たとえば後天的な障害や病気を抱えること。人はある程度はその状態に慣れるものですが、それでも完全な適応には程遠く、幸福度の自己判断にも暗い影を落とします。

ＮＣＤＳ調査では、仕事をやめなければならないほどの長期の病気や障害を負った人については、生活満足度の平均が6・49になっています。そうでない人の7・39に比べると、独身者／既婚者の差と同じぐらいになるのです。

そのほか、完全には慣れることができないものに、騒音があります。

新しくできた道路の周辺住民を対象に、道路開通から4カ月後に調査を行った例がありました。ほとんどの住民は騒音を不快に思っていましたが、いずれは慣れるだろうと考えていました。ところが1年後に再度調査してみると、その不快感はほとんど変化せず、むしろ慣れることなど無理だという絶望感すら抱いていたことがわかったのです。

一般的に見ても、騒音に慣れるというのは、どだい無理な話なのです。

通常は、何かネガティブなことが起きたとき、人はそれに適応する自分の能力を低く見積もるものなのに、逆に高く見積もっていたといういめずらしいケースです。騒音とは、適応できるだろうと予想しても、実際にはできないものなのです。

豊胸手術などの美容整形は、少しきれいになってもまだ不満が残り、それこそ女性の願望をどんどんエスカレートさせる「まわし車」になるのではないか、と想像する向きもあるかもしれません。ところが意外にも、手術を受けた女性たちのウェルビーイング（安寧感）の改善は本物で、長続きするというのです。

いくつかの調査では、豊胸手術を受けた女性たちが自分の体にも生活にも満足し、精神的な悩みもよく改善されたという報告があります。

位置心理学から見た幸せの思い込み

私たちが幸福について抱いている思い込みの一つに、「幸せは生活環境に大きく左右される」というのがあります。賽(さい)の河原で石を積むように、いくら努力しても何も変わらないと思っていたら、私たちも、昇給や新車や恋人を得るために努力しようなどとは思わないでしょう。

ところが、少なくとも一握りの心理学者たちが、環境と幸福をめぐるデータから導いた結論は、「何が起きても実はあまり変わらない」というものでした。人にはあらかじめ幸福感のレベルが決まっていて、何をやろうと、何を得ようと、結局はまたそこへ戻るというのです。

もちろんこの考え方はかなりの真実をはらんでいますが、実際には、ことはもっと複雑で面白いはずです。生活の違った側面については、適応のしかたもまた違ってくるはずだからです。

個人の安全を脅かすような事柄――長期の寒冷気象、食糧不足、過度の騒音などは、決して慣れることができません。深刻な健康問題も後を引きます。自由が奪われた状態が長く続くと、単に不快を生じるだけでなく、ひいては健康を損ねることになりかねません。

一方、所得や物質的な豊かさはあっという間に慣れてしまうもので、経済成長が進んだからといって、必ずしも人々が幸せになるとは限りません。それも、その「成長」が生活の質にどのように関わるかによるのです。

ちょうど騒音と所得のあいだに来るのが、結婚でしょう。結婚は短・中期的には大きな変化をもたらしますが、最終的にはかなりの適応をもたらすからです。

経済学者のロバート・H・フランクが、「地位財」と「非地位財」という言葉をつくりました。「非地位財」とは、他人が何を持っているかとは関係なく、喜びを得ることができるものです。健康や自由といったものは、そういう意味では「非地位財」です。

一方、「地位財」については別の心理が働きます。人が自分の所得や車の大きさに満足できるのは、周囲の人々の所得や車と比較した上での話になります。

フランクは、このような「位置心理学」とは、環境適応をめぐる進化の賜物だといいます。私たちの祖先は無数の生き方が存在する環境の中に生きてきて、子孫を残せるかどうかは、絶対的な健康ではなく、相対的な地位に左右されてきました。

本来、与えられた環境の中で最も適した行動が何なのかを知ることはできないため、周囲を見わたしてみて一番うまくやっていそうな者を見つけ、「追いつけ追い越せ」の心理を発達させてきたというのです。

そこに競争が生まれるのですが、熱帯雨林に生息する木々を見れば、その帰結は明らかです。樹木には本来、どれほど高く伸びればよいという決まりはありません。ただ、日光を受けるためには周囲の木よりも高いことが条件です。

こうした競争の結果、膨大な量の時間と木質素が費やされ、林冠（キャノピー）が（無意味にも）何メートル、何十メートルという高さに伸びることになるのです。

もしすべての木がその10分の1の高さだったとしても、一本一本にとって何ら都合が悪いわけではなく、むしろ苦しい若木の期間が避けられるはず。けれども日光は「位置的」なものだから、それはあり得ないのです。

フランクの理論によれば、結婚とは「非位置的」なので、たとえば、限られた時間を稼ぐために使うか、それとも恋人とつき合うために使うかという選択に迫られた場合、後者を選んだほうが、長い目で見て、より持続する充実感を得られることになります。

これはなかなか示唆に富んだ考えのように思えますが、実は少々大げさです。結婚生活にも「慣れ」というものは生ずるし、さらにいえば、一夫多妻制の社会では（そして私たちの社会のように一度に結婚できる相手は一人だけという社会であっても）、男たちはあたかもステータスシンボルのように、年頃の新しい妻を求めるからです。

けれどもフランクのいっていることは、次に述べる観点から見て、やはり正しいのです。私たちはつねに、幸福への思い込みのせいで、地位財をたくさん蓄えれば（見栄を張って他人と同じようにすれば）、いつかは幸せになれるはずだと考えますが、客観的にいって、それはあり得ません。一方で、健康、自主性、社会への帰属意識、良質な環境などは、真の幸福をもたらすものです。

この結論は重要です。たとえば、自分の同僚の一人が企業社会での生存競争に見切りをつけ、自分の小屋でボートをつくり、貧しいながらも悠々自適の暮らしを始めようとしたら、私たちはちょっと見下すことでしょう。けれども、「自主性」と「所得」をまったく違う見方で捉えることで、おそらく彼は今よりずっと幸せになるでしょう。ただ、位置的なものを求めたいと思う誘惑を、克服しなければならないだけです。

公共政策が参考にすべき点もあります。この本を書いている最中にも、イギリス政府が、全国の空港を拡充する方針を発表しました。しかし幸福学の論理にしたがえば、人々はおそらく、ヨーロッパじゅうに安く速く飛ぶことのできるフライトにもすぐに慣れてしまって、列車の時代のときと同じように、いつかはその便利さのありがたみを忘れてしまうことでしょう。

しかも、新たにつくり出される騒音問題には、決して慣れることができないのです。

幸せになれる道を選んだはずが……

それならば、経験にもとづいた合理的な判断で、生活を組み立てていけばよいのでしょうか。

これがまた問題をはらんでいます。

社会科学者たちはそもそも、人は自分が何をすればうれしいかを知っているものだと考えています。

実際にこの前提は、「二者択一の選択を迫られた場合、人は結果的に得られる『功利性』が最大になるような選択を行うものだ」という経済理論に深く結びついています。

もしBではなくAを選ぶなら、それは、Aのほうがより大きな功利性を得られることを意味します。もしBのほうが功利性が大きいなら、AではなくBを選ぶはずだから。

つまり、たとえ収入が減っても、自由になる時間や自主性を持てることのほうが、より大きな功利性を得られるのであれば、わざわざ心理学者にいわれるまでもなく、みなとっくにそうしているはずだというのです。

これまで見てきたように、このことは、功利性の意味をどう捉えるかにかかっています。「BよりAの功利性のほうが大きい」といった場合、それが即、「BではなくAを選ぶ傾向」を意味するのであれば、当然「人々はつねに功利性を最大にしようとしている」ということができます。

最大の功利性を選ぶことの証拠が、BではなくAを選んでいることであり、AがBより大きな功利性を持つことの証拠は、人々がそれを選んでいるからだ、ということができます。

けれどもこれは、選択プロセスより前、その最中、あるいはその後の、個人または集団の幸福については何も語っていません。

一方で、功利性を、何か心理学的にリアルなもの、たとえば「幸福」などを表す言葉だとすれば、奇妙な結論が導かれることになります。つまり、すべての人はつねに、考え得るかぎりの幸せを手にしているはずです。なぜなら、もしもっと幸せをもたらすものがあるのなら、そちらを選んでいるはずだから。考え得るかぎり最もよいものを選んでいるのだから、すべての面で最良なはずではありませんか。

当然ながら、この結論は間違っています。最大限の幸せをもたらすような選択を、人は、つねにしているわけではないのです。

一つには、あるものを選んだときに得るウェルビーイングは、他人が何を選んでいるかに左右されるからです。

もし周囲がみな、小さな車や自転車を乗りまわしているのなら、私もそれで満足して、何千ポンドもの資金は他のことにまわすでしょう。けれども、国じゅうの道路が、仰々（ぎょうぎょう）しいバンパーをつけたランドクルーザーであふれているのだとしたら、私のささやかな原付自転車は即刻下取りに出されることでしょう。

もし私が犯罪発生率の高い世界に住んでいたら、郊外に住み、家には防犯アラームを取り付けなければならないでしょう。だからといって、それが、職場から歩いて10分の家に住める世界にいた場合と比べて、幸せだとはいえないはずです。

そしてそれ以上に重要なのは、人生における私たちの選択が、実際に幸せな思いをした経験ではなく、幸せについての思い込みによって後押しされていることです。

この思い込みとは、「地位財や地位は大事である」「企業社会の出世競争は参加する価値がある」「美しい妻を得れば人生が変わる」などといったものです。

しかもこの思い込みは経験にもとづいているわけでもなければ、まったく現実的でもない。だからこれにだまされてしまって、とうてい幸せにはつながらない選択をしてしまうのです。

ではなぜ私たちは、このような頑固な思い込みを抱えて生きているのでしょうか？　このテーマについては、後の章で述べることにしましょう。

第4章

性格で、幸福度は決まる？

日常の変化をどう受け入れるか

幸せの感じ方は遺伝する

日ごろの経験からすぐわかることですが、世の中には、どんなにつらいことが起きても明るく楽観的でいられる人と、どんなに恵まれた環境にあっても心配や悩みの種のつきない人がいるものです。

実際あなたの知り合いの中でも、年齢、所得、職業、配偶者の有無などはほぼ同じなのに、いつも前向きで陽気な人と、反対にいつも疑心暗鬼(ぎしんあんき)で心配性な人がいるはずです。

前章で、目に見える環境の変化が幸福感に与える影響はさほど強くなく、しかもそんな変化さえも人はしだいに慣れてしまうと述べました。

ならば、幸せな人とそうでない人が存在する、もっと根本的な理由は何でしょうか?

幸福感・ウェルビーイングの自己評価は、何年たってもあまり変わらないものです。同じ人の幸福度を7年から12年の間隔を置いて測定したある大規模な調査では、長い年月をへだてても、その前と後とでは非常に強い相関関係が認められました。

生活上の出来事は、この際あまり影響しないというのです。

生活状況にあまり変化のなかった人と劇的な変化を体験した人、あるいは所得の上がった人と下がった人を比較してみましたが、2度目の調査結果を予測する最も確かな要素は、最初の調査時の幸福度だったのです。

どうやら、幸せかそうでないかは実際の変化によるのではなく、その変化の扱い方いかんによるようです。

このことを裏づける事例をもう一つあげましょう。

趣味を楽しむ人は仕事にも喜びを感じているという事実です。もし幸福が客観的な状況に左右されるものだとしたら、仕事が最悪だと思っている人ほど趣味に生きがいを感じ、逆に仕事が好きな人ほど月曜日の出勤が待ちきれないはずではないでしょうか。

ところが実際には、月曜から金曜までの勤務時間が充実している人ほど、夜や週末も思いきり楽しんでいます。他人よりただただ多くのことを楽しめる人がいるのです。

さらに面白いのが、普通のきょうだいや二卵性の双子以上に、一卵性双生児のあいだでは幸福の感じ方が酷似（こくじ）しているという事実です。

行動遺伝学者デイヴィッド・リッケンとオーク・テレゲンが、何組もの一卵性双生児たちを対象に、9年の間隔をおいて、その前後の幸福感を調べました。

双子のうちAの1年目とAの9年目に相関があるのは当然として、Aの1年目とBの1年目もやはり相関がありました。

驚くべきことに、Bの9年目の幸福度を予想するのに、AとBの1年目の幸福度が、どちらも同じぐらい強い手がかりになったというのです。また、生後すぐに互いに離れて育てられた場合も、一緒に育った双子たちと何ら変わらず、やはり幸福の感じ方が似ていることがわかりました。

一卵性双生児とは、いわば同じ遺伝子を持つお互いのクローンなのですから、私たちのウェルビーイングは生活環境とはほとんど関係なく、遺伝によってある程度までは決まるということを、この調査結果が非常に強く裏づけたといえるでしょう。

では、「特に幸せな人」と、そうでない人の心理学的な違いとは、どういったものなのでしょうか。

ある程度一貫している個人の性質を分類するのに心理学者が用いる概念は、日常会話で使われるのと同じ「性格(パーソナリティ)」です。

「性格の特徴」とは、時を経ても変わらない個人の特質のことです。

もしある人が一時的に神経質であったとしても、翌日はおおらかだったなら、この人は性格が神経質だとはいえません。また状況によって左右される場合も然り。

ある人が、ほかの場所ではそうでもないのに、車に乗るときだけ妙に神経質になるとしたら、この場合はそれが性格なのではなく、たとえば自動車事故の体験などが引き起こす特異反応なのです。

それから、性格の特徴と呼ぶには、個人個人バラつきがあることが前提です。

たとえば、飢えた鮫がウヨウヨしているプールに放り込まれて不安を感じたからといって、それは性格を測るのにふさわしい材料とはいえません。そんな状況で不安を覚えない人はいないからです。

けれども、たとえば初めて来た街を歩いていて不安を感じるか否かは人によってまったく違うので、これはいい識別基準になるでしょう。

性格は二つの特徴に分けられる

性格特徴の分類についてはいくつかの方法がありますが、それらを検討するのが本書の目的ではありません。

けれどもそれらのほぼすべてに共通する、二つの基本的な性格の特徴が存在することは注目に値します。両者とも幸福について考える上で重要だからです。

第一の基本的性格の特徴は、ネガティブな感情と関係しています。すべての人間、すべての哺乳動物、あるいはもしかしたらすべての脊椎(せきつい)動物は、自分の周囲に起きるネガティブな事柄を察知する機能を備えています。ここでいう「ネガティブ」とは、個体の生物としての適応性にダメージを与える可能性があるということです。

たとえば、人間に起こり得る典型的なネガティブ事例とは、有力者からの拒絶、集団からのつまはじき、強奪、病気、資源不足、他者からの攻撃などなど。それらネガティブな出来事にはそれぞれ恐れ、不安、恥、罪悪感など独自の感情がついてまわります。

そして身体的にも知覚的にも変化が表れるのです。身体的変化とは、鼓動が速くなったり、内臓から筋肉に血がめぐったりすること。知覚的変化とは、危険を告げる刺激に対し警戒心が強くなったり、悪い情報にふりまわされたり、最悪の事態を想像して悶々（もんもん）としたりすることです。

生命にとって重要なこの機能は誰にでも備わっていますが、その感度には個人差があります。どの性格研究でも一様に使われる、一般的で信頼性の高い分類方法は、その人が不安や恐怖といったネガティブな感情にどの程度影響を受けるかという点で分けることです。

そのような分類に使われるのが、「神経症的傾向」、またはネガティブな情緒性と呼ばれるものです。性格に関する人々の相対的な位置は、何年も変わることがなく、しかもそれは（少なくとも部分的には）遺伝によって決まります。

神経症的な傾向は、「あなたはよく不安になりますか?」「わけもなく落ち込むことはありますか?」などの問いへの答えを元に数値化されます。

それらの設問は少々単純すぎて、さまざまなバイアスがかかりそうな気がしますが、実は神経症的傾向を表すこの評点は意外と安定しており、長期的な健康状態、他人との関係、うつ病や不安神経症へのかかりやすさなど、具体的な現象を予測する上できわめて有効なのです。

このように評点には何らかの意味がある。そこが性格心理学の不思議なところで、薄っぺらに思えるような質問が実に効果的に働くのです。

人は自分というものを、案外正確に知っているものなのでしょう。集団内での自分の立ち位置については特に。そうでなければ、これらの評点がそれほど正確な説明変数になるはずがありません。

さて、ほとんどの研究方法が認めている第二の基本的性格特徴は、ポジティブな感情、または少なくともポジティブな刺激に関わるものです。この性格は「外向的」「行動的」「刺激好き」などと呼ばれます。

これについて評点の特に高い人は、たとえば「自分はパーティーの盛り上げ役だ」といった言葉に強く同意します。

日常的な言葉を使うなら、「外向性」とは「社交的であること」。

外向的な人はたしかに友人も多く、おしゃべりで行動的ですが、その特徴は単に社交面ばかりにとどまりません。外向的な人は旅行など日常からの脱出に楽しみを見出し、危険なスポーツや刺激的な趣味に熱中し、性的にも奔放でいろいろと試したがり、かつ甘いもの好きだったりします。

また、飲みすぎや麻薬中毒の危険とも隣り合わせで、結婚するのもすばやければ(新しく人と出会うのは得意だから)、不倫も多い(同上の理由で)のです。

外向性という性格特徴の存在する理由を、的確に説明している学説は次のようなものです。

私たちの祖先が進化してきた過程では、環境によりよく適応するために役立ったものがたくさんあります。なかでも顕著な例としては、熟した果実などの甘い食物、遊びや新しい習慣、魅力的な相手との性交。加えて、私たちは生きていく上で集団生活が欠かせない非常に社会的な生き物ですから、他人と仲よくやっていくことも当然大事です。

進化は私たちの体内に、それらの事柄を追求するようなしくみを築いてきました。それらが手に入りそうな機会が垣間(かいま)見えた瞬間、即座に飛びつくことができるように、何かしら目に見えるご褒美が結びつくようになったのです。

そんなご褒美、「誘因(インセンティブ)」が目の前にちらつくと、冷静に練り上げた計画も大混乱に陥ります。

勉強するべきか、それとも友達の家のパーティーに行くべきか。腹8分目にしておくか、それとも甘いデザートに手を伸ばすか。このお金を投資にまわすか、それともスキーやダイビングや登山に使ってしまうか。良質な報道雑誌を買うか、それとも若い美女が表紙を飾るグラビア雑誌を選ぶか。

何十億ポンド規模の製菓業界から、さらに巨大なセックス産業にいたるまで、世の中の文化・経済活動のうちの、かなりの部分が、うまくツボを刺激してやればほいほいと買いに走る、人間のこの性分のおかげで成り立っているのです。そのような誘因は誰に対しても報酬をもたらすものですが、その吸引力の効き目には個人差があり、外向的な人ほどそれが強く表れます。

外向的な人と内向的な人の違いを、私は次のように考えます。

自分が市場（いちば）の雑踏の中を歩いていると想像してください。それぞれの屋台には、安全、危険、非道徳的、非合法の別なく、飲んだり体験したり人と戯れたりできる、ありとあらゆる魅力的な商品が並んでいます。何もかもが楽しそう。

別の大事な用をすませるために毅然と通りすぎてもいいし、立ちどまってちょっとのぞいていってもいい。すべての屋台には商人がいて、品物を売り込んできます。

内向的な人にとっては売り手の言葉も控えめで説得力に欠けるように思えますが、外向的な人の耳には彼らの声は大きく刺激的で、つい見入ってしまう。気がついたら財布を取り出しているという羽目に……。

性欲と食欲は、つかさどる心理メカニズムがまったく別です。ところが、やって得するような行動はどれも、同じような誘導メカニズムを引き出すようです。

この誘導メカニズムに対して敏感かどうかが、外向的か内向的かで大きく違ってきます。だから外向的な人と内向的な人では、一つの面だけでなく多くの面で行動パターンが異なります。たとえば外向的な人は人づき合いがうまく、しかもスポーツもアクティブにこなす。かと思えば、色好みでかつ甘党だったりするのです。

幸せを感じやすい人の性格

神経症的傾向と外向性、これら二つの基本的な性格特徴を、こんどは幸福との関連で考えてみましょう。神経症的傾向というのは、不安や恐れといった不愉快な気持ちを感じやすく、少なくともその瞬間だけを見れば、幸せとはおよそ相容れないものです。

つまり神経質評点が高くなればなるほど幸福ではなくなるといえるでしょう。

私の所属する研究室で最近、オンライン心理研究所を通して、イギリスの一般人600名を対象に性格調査を行いました。その際に、その人が概してどれくらい幸せかを5段階で自己採点してもらったのです。

年齢的にも社会階級的にも幅広いサンプルが集まりました。

その結果、神経質評点は、幸福度の自己評価と非常に強い関連があることがわかりました（図12参照）。神経症的傾向が低いほうから25パーセントは、幸福度が4付近になり、逆に神経症的傾向の強いほうから25パーセントほどは、幸福度がかろうじて半分程度だったのです。

幸福度のバラつきの約17パーセントが、神経症的傾向によって説明できました。これは説明変数としては最大のものです。

神経症的傾向と不幸との相関は、多くの似たような文献で報告されてきました。

そもそも神経症的傾向の定義にはネガティブな感情が含まれていて、その評価のためにはしばしば「あなたはよく、みじめな気持ちになりますか？」といった質問が設定されるものなので、このこと自体は驚きでも何でもないでしょう。

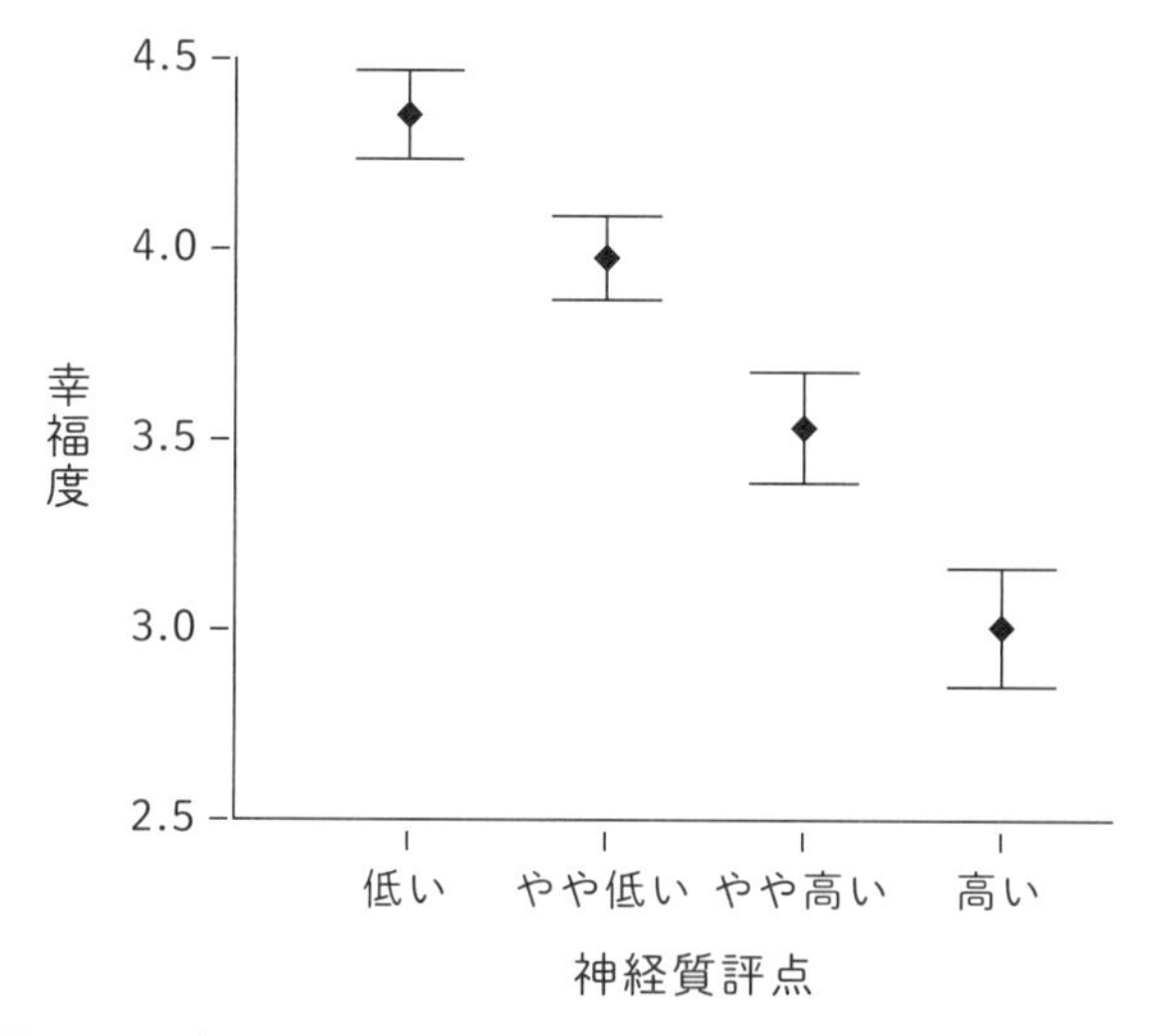

▶図12　イギリス人成人の平均幸福度(5段階評価)と神経症的性格の関係
神経症的傾向の強さによって分布を4つに分けたもの（サンプル数574）

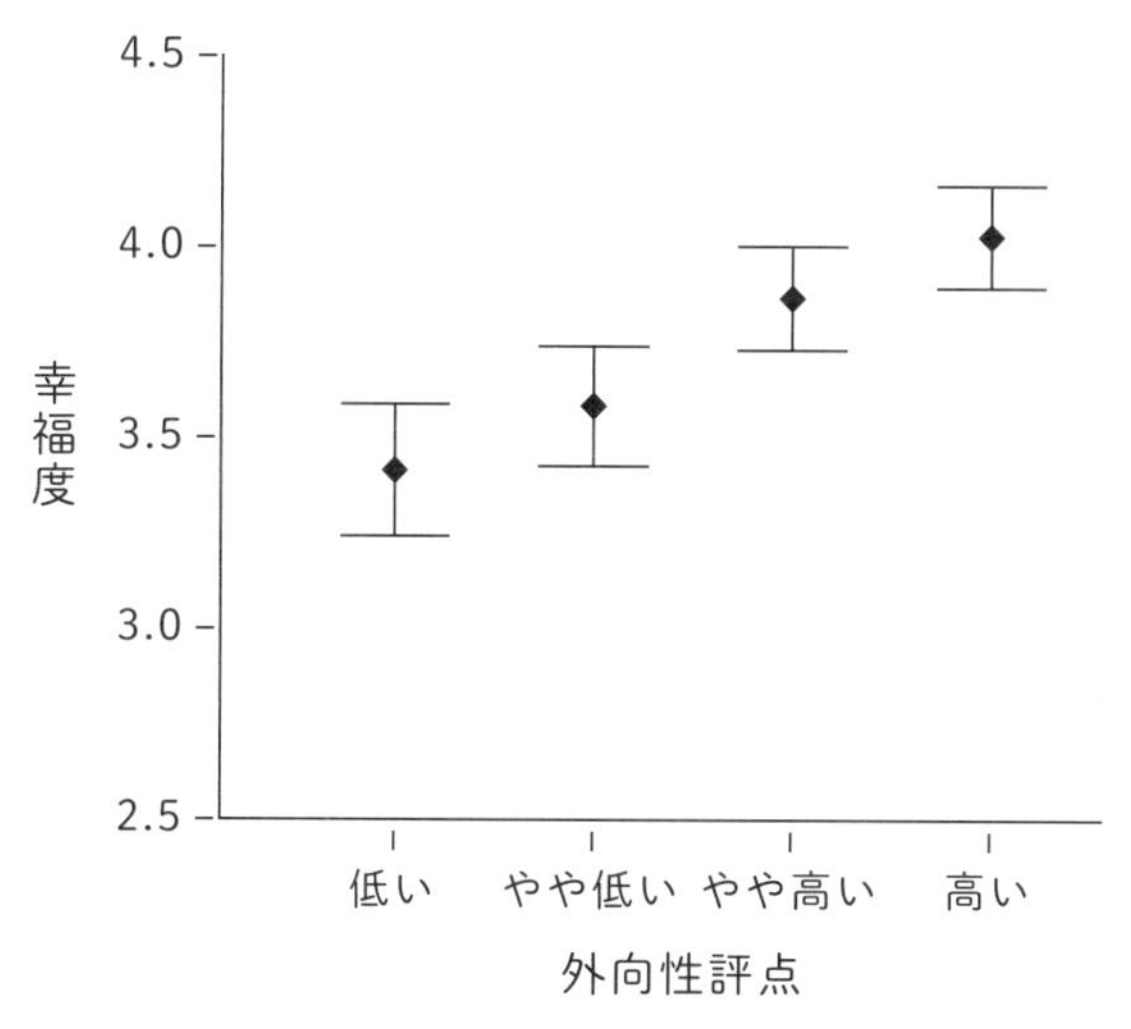

▶図13　イギリス人成人の平均幸福度(5段階評価)と外向的性格の関係
外向的傾向の強さによって分布を4つに分けたもの（サンプル数567）

さらに高度な調査になると、幸福も二つの構成要素に分けて設問します。

一つは消極的幸福をたずねる質問。
「自分を非常に不幸せだと思うときはどれぐらいありますか？」
もう一つは積極的幸福をたずねる質問。
「自分を非常に幸せだと思うときはどれぐらいありますか？」

これらは相互にかなり独立した傾向を持つもので、答えが両方とも「よくある」になる場合もあります。

簡単に想像がつくことですが、神経症的傾向は消極的幸福度の説明変数としてはかなり役立ちますが、逆に積極的幸福度を予測する際にはあまり役立ちません。神経質評点が高い人であっても、心配や悩みの合間に多くの喜びを体験しているといえなくもないのです。

これらの調査結果は、神経症の人にとってはあまりうれしいものではないでしょう。不快や不満、ひいては不幸を感じる傾向があるというのですから。

けれども、いわゆる【レベル2】の幸福が人間の徳目（とくもく）、希望のすべてではありません。

芸術や政治の世界で創造性や指導力を発揮する人々は普通より神経症的傾向が高いことを、多くの研究結果が示しています。彼らの抱く不満こそが、価値ある分野で成功するための、いわば原動力となるのです。

ですから、多少神経質な傾向があっても、それをただちに弱点と見なさず、ある種の強みをも併せ持つ複合的な人格と捉えるべきです。

では一方、外向性と幸福は関係が強いかといえば、話はそう単純ではありません。

先ほど見たように、外向的な人は内向的な人に比べて、価値あるものを求める気持ちが強くあります。ところが、だからといって彼らのほうが幸せになるとは限りません。

むしろその逆かもしれないのです。多くのものを求めすぎて、かえって不満を抱えるということもあります。しかも、何かを強く求めることと、手に入った暁(あかつき)にそれに満足することとは別問題です。これについては次章で述べることにしましょう。

それでも、外向的な人ほど幸せを感じやすいことは事実です。

私のオンライン調査の結果、外向性と幸福度の関係は図13のようになりました。

ほかの調査でも似たようなパターンが報告されていて、ちょうど神経質な人のパターンと好対照をなしています。ということは、外向的な人はポジティブな感情を多く持つ一方で、ネガティブな感情を持つことも、ほかの人と同様たくさんあるということです。

いつもほがらかで社交的な人にも、他人と同じように人生の悩みや苦しみが襲う瞬間があるのだといえば、少しは気休めになるでしょうか。

外向的な人のほうが幸福感を抱きやすいのは、結果として強い快感が得られる行動をとりやすいからでしょう。

あなたの身近にいる外向的な人はおそらく、内向的な人に比べ、結婚やパーティーや友達とのつき合いやセックスを、より頻繁に経験しているはずです。性格上、与えられた状況から最大限の利益を得るような行動をとろうとするのです。つまり、質問した際にポジティブな感情状態にある場合が多い。

自己評価の幸福度がひときわ高い人は、神経質評点が低い外向的な人です。一人で過ごすことが少ないので、誰かとつき合って帰宅したばかりという可能性が高いのです。

というわけで、繰り返しになりますが、外向的であればあるほど得だといえます。

しかし最近の研究から、じっとしていられないこういった人々の家庭生活は、長期的には不安定になりがちであることもわかってきました。しかも、事故にあって入院するリスクも高くなります。まさに禍福(かふく)は糾(あざな)える縄のごとし。

外向的な人が多少ほかの人より幸福であったとしても、それをうらやむ必要はありません。むしろ危険と引きかえであることを知っておきましょう。

ほかにも幸福度と関係の深い性格があります。

たとえば、愛想がよくて誠実な人ほど幸せを感じやすいことがわかっています。

こうしてみると、性格による幸福感の違いは、二つの段階に分けられそうです。

まず第一に、直接的な影響。ある種の性格は、感情システムの感度、つまり、どれぐらい簡単に気持ちが変化するかをコントロールします。これは当然ながら幸福度に大きく影響します。

もう一つは間接的な影響です。与えられた環境下でとり得る行動の優先順位が、性格によって変わるということです。

外向的な人であれば、他人とのつき合いやその他の楽しみに、より多くの時間を注ぐことでしょう。愛想がよくて誠実な人であれば、物事を片づけることで満足感を得たり、他人に優しくすることで友情や感謝を得ることでしょう。

性格が幸福感におよぼす直接的影響と間接的影響の違いは、幸福のどんな側面については意識的に操作できるのか、そしていかにして操作するのかを考える上で重要になってきます。

性格が生活を変えていく

気性によって幸福度が決まるという調査結果は、非常に重要です（もちろん、そんなことはとっくの昔に誰もが考えていたことではあるのですが）。財産や配偶者の有無などの条件と幸福との相関はあまり強くないという所見も、これで説明がつくでしょう。そういった生活環境と幸福の関係は、実は見た目とは異なるのかもしれません。

たとえば先ほどのオンライン調査のデータによれば、予想通り、既婚者のほうが独身者よりも幸せを感じています。けれども同時に、既婚者のほうが神経症的傾向が弱かったのです。そのことは配偶者の有無の結果というよりは、むしろ原因だといえます。

神経質な人の恋愛関係が破綻しやすいことは誰でも想像できるでしょうし、その結果、それらの人は独身のままでいることが多いからです。

神経症的傾向の影響を排除した場合、独身者と既婚者の幸福度の違いは、元のデータの半分になります。つまり結婚が個人の幸せに与える影響は、私たちが予想したほど大きくないようなのです(しかも長期的に見ると、これにも前章で見たような「慣れ」の影響がからんできます)。生活環境の幸福度への影響に見えるものも、実は、少なくとも部分的には、性格が生活環境に与えている影響なのです。これはよくある現象のようです。

メルボルン大学のブルース・ヘッディーとアレグザンダー・ウェアリングが、数年かけてヴィクトリアの住民に面接調査を行いました。

この有名な研究は当初、性格と生活上の出来事が幸福感に与える、相対的な影響について探るのを目的として始まりました。ところが時を経ずして、なぜか同じ出来事が同じ人たちに頻繁に起きることがわかり、調査は軌道修正を余儀(よぎ)なくされました。

結局、「生活上の出来事」と「性格」を、幸福に影響を与える二つの独立した因子として別々に捉えるのではなく、性格が生活上の出来事にいかに影響を与えるかに、焦点を移すことになったのです。その結果、神経症的傾向の強い人には、悪いことが頻繁に起きることがわかりました。財政状態も他人との関係も不安定で、いつしか暗礁(あんしょう)に乗り上げてしまうのです。

逆に外向的な人は、生活の多くの面で物事がいい方向に変化します。

また別の評点である「体験への開放性」、つまり何でも見てやろうやってやろうという吸収意欲の高い人には、いいことも悪いことも頻繁に起きます。いい出来事と悪い出来事が相殺されるためでしょう。この性格は幸福とはあまり相関がありません。

この調査においては、因果関係の順序として、「生活上の出来事」が「性格」を変えるものでないことは明らかです。

まず最初の面接で性格が評価され、生活上の出来事がその後の何年かにわたって記録されたからです（しかも性格というのは何年たってもさほど変わるものではありません）。

けれども、ここには方法論的な混乱が生じていることも確かです。神経質な人ほどネガティブな出来事を強調し、物事の悪い面ばかりを覚えているものだからです。

「子どもと激しく口論した」だの「財政的に悩んでいる」といったことがここ2年ほどのあいだに起きていたとしても、客観的な状況は、そのほかの人々とそれほど変わらないと思っていいでしょう。とはいっても、結婚、離婚、解雇など、曖昧にしたり意図的に強調したりする余地のない事柄もあります。今年それが起きたのか起きなかったのか、事実は二つに一つです。

このヘッディーとウェアリングの調査でも、その他の研究においても、これら客観的な出来事が起きるかどうかは神経症的傾向と外向性に関係が深く、時間がたってもあまり変化しません。つねに貧乏くじを引き続ける人もあれば、逆に、いつもおいしい目を見る人もいるのです。

生活上の出来事は個人の外側から来るはずなのに、なぜそうなるのか。

端的にいえば、神経症的傾向とは、うつ病その他の病気にかかりやすいということなので、当然、この性格が健康上の問題に直結することはすぐわかります。

健康状態は連鎖的に仕事にも影響します（残念ながら、病気のために休んでばかりいたら昇進は望めません）し、おそらく家庭生活においても同じでしょう。

うつ病などは特に、社会生活や結婚生活を送る上で不利になるし、あらゆる局面で判断力を鈍らせることになります。神経質な人たちは、憂うつなときにうっかりまいてしまった種を、あとになって刈り取らなければならないのです。

一方、外向性については、そのつながりは見えにくくなります。外向的な人はリスクを冒す分だけ、いい結果と同じぐらい悪い結果をも引き寄せるからです。彼らの熱意と前向きなエネルギーは、たいがい念じた通りの結果を招きます。豊かな社交性のおかげで周囲には似たような志の人が集まり、失敗しそうなときには助け舟を出してくれるのです。

前のオーストラリアの研究によって、生活上の出来事と幸せの相関は、一部には、性格と幸せの間接的な相関であることがわかりました。それはつまり、前章のように生活環境と幸福の関係を検証したとき、私たちが、生活上の出来事をやや過大評価していたことを意味します。

そうはいいながらヘッディーとウェアリングは、性格がおよぼす間接的な影響を超えて、生活上の出来事はウェルビーイングに影響を与えるものだと結論づけています。もっともそれぞれの出来事がおよぼす影響も、時がたつにつれて慣れの影響を受けてしまうものですが。

性格と幸せの関係を検証する

ここで、本章と前章とで検証してきた、幸福度を変える主な要因についてまとめてみましょう。そのためには、それぞれの要因が引き起こすであろう物事のバラつきに注目するのが一番です。ある一つの結果を導く原因となった要素すべてについて、相対的な影響力の強さを考える際、統計学者が用いる方法です。

たとえば、ある人の幸福度をなるべく正確に推測しようとした場合、この人についてまったく何の情報も持っていなければ、私たちはただ当て推量に頼るしかありません。少し常識を働かせるなら、その母集団全体の平均値を当てはめてみるでしょう。いずれにせよ、私たちの予測と実際の評点を比べると、予測は多かれ少なかれ、誤っているはずです。

さてここで第三者から、その人についてある一つの情報がもたらされたとします。

もしその情報が、対象となる母集団の幸福度のバラつきについて、100パーセント説明するものであるなら、この人物の幸福度を絶対的な確信をもって予想することができ、誤りはゼロだということになります。逆に、その情報がもし、幸福度のバラつきのうち1パーセントしか説明しないものであったなら、当てずっぽうの推測とさほど変わらないことになります——誤りが平均99パーセントあるということだからです。もしその情報が50パーセント説明するものならば、誤りも半分になります。

このようにして、さまざまなタイプの情報について、それらがわかればどれぐらいのバラつきが説明できるのかを、表にすることができるのです(次頁、図14参照)。

このごくごくシンプルな分析でも、個々の要因が相互に与え合う影響を除外するまでもなく、その人の内面的な要因のほうが、客観的な状況から来る要因よりも、ずっと強く幸福度に影響をおよぼしていることがわかります。

もしボブという人が10年後にどれぐらい幸せかを知りたければ、10年たてば40歳になること

◉要因	◉説明できる変動（ばらつき）の比率
性別	1%
年齢	1%
所得	3%
社会階級	4%
結婚の状況	6%
神経症的傾向	6～28%
外向性	2～16%
その他の性格要因	8～14%

▶図14　あらゆる要因が、個別に見た場合に、幸不幸をどの程度説明できるかについての、個人間変動（ばらつき）の比率評価

間接的な因果関係（たとえば「神経症的傾向」が「配偶者の有無」に影響を与え、それが間接的に「幸福度」にも影響することなど）は考慮に入れていないため、状況要因の中には、実際より数値が高く評価されている場合もある。

や、彼が男であることを考える必要はありません。

ボブが歯医者であるという事実から、10年後にはおそらく所得が上位5パーセントのお金持ちになっていて、郊外に豪邸を建てているだろうなどと想像する必要もありません。ましてや、彼がこの先に結婚するであろう美しくセクシーな奥さんや、2人がもうけるはずの3人の子どもたちのことなど、いっさい考慮する必要はありません。

ただただ、彼の性格調査をすればいいのです。あるいは、もっと正確に予想しようと思えば、ただ彼に、今この瞬間どれぐらい幸せかをたずねればいいのです。

こんな身も蓋もない結論を聞くと、絶望に沈んでしまう人がいるかもしれません。

幸福度が本人の気性によって決まってしまうというのは、どんなに努力しようと無駄だといっているようなものです。あなたの幸せのレベルは、ほんの数日間という短い期間などではなく、いつまでたっても変化しないというのですから。

リッケンとテレゲンが双子の調査報告で述べているように、「幸せになろうとする努力は、背を高くしようとする努力と同じくらいむなしく、むしろかえって逆効果」なのです。人間の大まじめな努力も、これでは空虚な茶番です。

人が何かを選ぶのは、そのほうが幸せに通じると考えるからです。そう信じていなければ、無関心やあきらめの気持ちが先に立ち、やがてはすべてが嫌になってしまうでしょう。

けれども、この絶望的な結論にも、二つの考え方で対処できます。

一つは、「ほとんど変わらない」と「変えることができない」には大きな違いがあるということです。

ほとんどの人の体力は、生物学的な理由から加齢とともに落ちていきますが、中年になってからトレーニングを始め、減退を食い止める人も中にはいます。

一般的に、「生物学的」な要素はあらかじめ決定されていて動かすことができず、逆に「社会的」な要素はいくぶん希望があって、人の自由に任される余地があると思われています。ところが実際は、生物学的な要因が社会的な要因に比べ、変えやすい、あるいは変えにくい、ということは一概にはいえないのです。

たとえば仮に、「幸福感は所得だけに左右される」という結論が出たとします。私たちの生きるこの世の中では、多くの人にとって所得を急に増やすことは不可能で、実際、25歳のときの所得を見れば、55歳になったときの所得はおおかた予測がつきます。このように、原因が生物学的でなくても、人々は変化の可能性をたいてい否定されてしまうのです。

私にいわせれば、この「性格が幸せを左右する」という結論は、「幸せとは、周囲の世界いかんによるのではなく、人が世界にどのように関わるかによる」といっていると思うのです。

これは、あなたが直接的に取り組むことができる、数少ない事柄の一つです。必要な力はすでにあなたの中にあるのですから、自分を変えることのほうが、周囲の環境を変えることよりよっぽど簡単なはずです(しかも確実に安上がりです)。

先ほど見た生活上の出来事の調査からもわかるように、もしあなたが自分自身を変えることができるのなら、もしかしたら外の世界も、それにしたがって変わるかもしれないのです。

これまで論じてきたように、神経症的傾向というのは、不幸せにつながる唯一の強い要因です。神経症的傾向の強い人は、どんなときもネガティブな考えや気持ちに屈しがちです。それについてはなかなか変えられないかもしれません。

けれども、そんな人でも自分を訓練してネガティブ思考とうまくつき合うことで、世界における自分の存在を変えることが可能なのです。その方法は第6章で紹介します。

それから外向的な人については、わざわざ友達をつくろうだとか、たくさんスポーツをやろうなどと考えなくても、それらはどこからともなく現れて、その人のことを誘うことでしょう。

一方、外向的でない人は意識的に、これらの事柄は楽しみをもたらすのだ、と自分に言い聞かせることです。一度手にすれば、ほかの人と同様それらを十分に楽しむことができるはず。ただ最初の一歩を踏み出す努力をすればいいのです。

さらに、もっと広く考えてみましょう。

「幸不幸は動かせないのだから、人間の行動などすべて無駄骨だ」と結論づけてしまうのは、狭い意味での幸せだけが追求するにふさわしい徳だと考えている証拠です。

そうではないのです。人が何かを選び取っていくということは、それが快不快の感情を呼び起こすだけではなく、もっと広い意味での徳目――好奇心、公平感、審美眼(しんびがん)、正義感、協調性、共存性などに影響を与えるからです。つまり、性格に関する研究から得られる教訓としては、基本的な生活機能が脅かされるほどのネガティブな知覚は別ですが、喜びや不安といった感情のレベルに完全に心を奪われないことが大切なのです。

マーティン・セリグマンが述べたように、これらのことを変えようと躍起になったところで、結果はたかが知れています。むしろそうではなくて、周囲の状況にそれを当てはめてみるすべを学び、もっと遠くの地平線を見つめられるように、視線を上げればよいのです。

第5章

不幸せは、脳の仕業？

落ち込んだ気分を変える方法

幸せになれる薬

1931年にオルダス・ハクスリーが発表した『すばらしい新世界』は、不幸を排斥(はいせき)するイギリスを描いた予言的小説です。その世界では、子どもは12歳になる日まで「いまでは誰もが幸せ」という呪文(じゅもん)を毎晩150回も聞かされます。

遺伝子工学、人工的に操作された成長条件、そして幼児期からの徹底的なマインドコントロールによって、完璧な幸せが保証されるのです。

大人になってなお不満がくすぶっている人がいても、〈ソーマ〉が解決してくれます。ソーマとは、毎日の服用が推奨されている、いや、ほとんど義務づけられている合成薬のこと。「1立方センチメートルを飲むだけで、10の憂うつ（センチメンタル）を吹き飛ばす！」という謳(うた)い文句の通り、どんな不満もたちどころに解消します。

ソーマは、愚痴ひとつこぼさずに働く人間をつくるだけでなく、社会的不満の抑制にも使われます。革命思想をかかげた暴徒の一団も、ソーマのスプレーをちょっと噴霧してやるだけで、おとなしく解散するのです。

ハクスリーの諷刺はするどく現実をえぐり、いまなお色あせることがありませんが、彼の描いた技術的な事物——たとえば瓶の中で育つ赤ん坊などは、書かれた当時と同様、いま考えても、あまりに奇抜で現実離れしたものがほとんどです。

ではソーマについてはどうでしょう。幸福な状態を生み出す薬など、果たして現実に存在するのでしょうか？　もしかしたら脳には、幸福をつかさどるある特定の中枢があって、そこを操作することが可能なのでしょうか。そのような中枢が何であるのか、実証されているのでしょうか。

現実世界でソーマを探すなら、最も近いと思われるのが、抗うつ剤の〈プロザック〉でしょう。フルオキセチン化合物の商標名であるプロザックは、「選択的セロトニン再取り込み阻害剤（SSRI）」と呼ばれる、新世代抗うつ薬のさきがけとなった薬です。

SSRIが開発される以前の抗うつ薬は、効果が臨床的うつ病にのみ限定され、しかも意欲減退、体重増加、かすみ目、口内乾燥などあらゆる副作用を引き起こしていました。

けれどもSSRIはうつ病治療に同じだけの効果があり、しかも副作用が少ないというのです。

ある患者のグループがこの新薬を試してみて、すこぶる調子がよくなったという報告もあります。また、うつ病歴のない健常者ボランティアがSSRIを試したところ、外向性やポジティブな感情が高まったともいわれます。劇的ではないものの、その効果は確実に検知できるものです。

SSRIは、社会不安障害や極度内気症などを含む、幅広い症状を改善することがわかりました。もっともこれらの症状は、この薬が効くとわかる前は、ほとんど存在しないも同然だったのですが。

SSRI登場への反響はすさまじいものでした。プロザックが最初に認可されたのはアメリカで、1988年のことです。以来10年ほどで抗うつ薬の使用量はイギリス・アメリカをはじめとする先進国で2~3倍に増え、そのほとんどをSSRIが占めていました。

その後も年間6~10パーセントの割合で増え続け、イギリスとアメリカでは、常時人口の3パーセント以上が服用しているという現状です。

臨床的うつ病患者にとってはSSRIはいわば命綱ですが、そのほかにも単に「人間であることの痛み」から逃れるための、いわば「化学的シェルター」を求めている人も多いのです。それは、経済的には同水準であるはずのイギリスに比べ、ドイツやフランスでは使用量が半分以下であることからもわかります。

けれどもプロザックはソーマとは違います。健康な被験者に表れた効果はわずかだし、だいいち、薬が効き始めるのに数週間かかります。

それは、該当する体内システムへの作用が直接的でないからだといわれています。

ＳＳＲＩは、重要な神経伝達物質（メッセンジャー）「セロトニン」を除去する機能を、まず麻痺させます。すると脳細胞の片側でセロトニンの量が増加。細胞が調整されて活性化し、それによって、細胞のもう片側でもセロトニンの活動が活発になる。

そうして初めて抗うつ作用が起こるのです。ポジティブな感情を芽ばえさせ、ネガティブな考え方を即座に消し去るソーマとは、ずいぶん異なります。

ところが最近、ソーマ候補が開発されました。〈ｄ‐フェンフルラミン〉というその化合物は、セロトニンが作用している脳細胞を直接刺激するというのです。

主要な検証実験では、被験者がネガティブな行動や思考についてのアンケートに答え、ちょうど半分回答したところでいったんストップします。アンケートの内容は、たとえば、「他人と同じようにできなければ、私はダメな人間だ」というような考えに同意するか否かを問うものです。

通常であれば、アンケートの前半と後半はだいたい同じような結果になるはずです。

被験者たちは中断中に、d-フェンフルラミン錠剤か、あるいはまったく薬効のない錠剤か、どちらかを飲むことになります。そして1時間後、アンケートの後半に着手します。

さてその結果、d-フェンフルラミンを服用したグループではネガティブな考え方や思い込みが減退しましたが、もう一方の対照グループには何の変化も表れませんでした。まさに「1グラムで10のネガティブ思想を消し去る！」という効果です。

d-フェンフルラミンの知覚的効用の発見はまだ新しいもので、その身体的影響、効果持続期間、効果の範囲など、まだまだ多くの研究が必要です。d-フェンフルラミンはかつて肥満治療薬として開発されましたが、心臓への副作用のため実用化が見送られた経緯があり、抗うつ薬としての開発でも、この問題がネックになるかもしれません。

d-フェンフルラミンやSSRIが標的とする脳内物質セロトニンは、「幸福ホルモン」として世間に認められ、「低セロトニン社会を癒やすには」などといった副題をかかげる心理学の本が出まわっています。

では、セロトニンとは本当に脳の中の「幸福の部分」なのでしょうか？　もしそうであるなら、そのはたらきとは、その存在理由とは、そして脳内のほかの組織との関わりとは、何なのでしょうか。

調べてみると、脳の中で欲望や快楽や満足にたずさわっている組織は多岐(たき)にわたっており、様相はかなり複雑です。けれどもこれらの組織については解明が進んでいるので、その構造を知れば、幸福のメカニズムにも大きな光を当てることになるでしょう。

脳への刺激を管理する

脳を垣間見るための窓として、ＰＥＴ（ポジトロン断層撮影法）スキャナーという機械があります。頭部を囲むリング型検出器で放射線を検出し、三角測量の原理を使って非常に正確に放射線の発生部位を割り出すことができる装置です。

患者は検査の数分前に、放射性シグナルを発するグルコースを注射され、このグルコースが移動する先々で放射線を発するので、その道筋をたどることができます。

グルコースは代謝が起きている脳細胞に流れるため、PETスキャナーで得られる脳の地図は、実質、その瞬間に脳のどこが最も活発に活動しているかを表すことになります。

コカイン中毒患者がPET装置の中で横たわり、クラックを吸うことを考えているときには、脳中央部の二つの部位が特によく動いていることがわかります。

「小脳扁桃（へんとう）」と「側坐核（そくざかく）」です。

小脳扁桃が感情をつかさどっていることは古くから知られていました。うつ病や不安によって活動が過剰になり、また動物でも人間でもこれが切除あるいは損傷されると、通常の感情処理が損なわれて奇妙な症状が出てくるのです。

小脳扁桃を切除された実験用サルやラットは、感情の意味を識別できず、恐れるべき事物を恐れなかったり、かと思えば食用でないものを食べたり、不適当な相手に交尾を試みたりします。

逆に小脳扁桃を刺激されると、過大な恐れを抱きます。また、病気や脳手術のために小脳扁桃に損傷を受けた人は、たとえば表情や声の調子に表れる恐怖の感情表現が理解できなくなります。

けれどもこの器官がつかさどるのは、ネガティブな感情だけではありません。

サルが果汁の甘い味を舌に感じる、あるいは、果汁の入った容器を見るだけでも、小脳扁桃に激しい活動が起こります。つまり小脳扁桃のはたらきとは、知覚によって認識した情報に、それぞれ適した感情反応を結びつける「感情中枢」であるといえるでしょう。

小脳扁桃は側坐核に近く、両者は密接に関わっています。側坐核とは、重要なニューロン（脳細胞）軸索（じくさく）の受け手側の末端です。

ニューロン軸索は脳の深奥部にまで伸び、「ドーパミン」という化学物質を使って互いに伝達し合っています。モルヒネのような興奮薬をラットの側坐核に注入すると、ラットは食べものを欲しがります。

逆に、側坐核につながるドーパミン軸索のニューロンが別の薬で抑制されると、ラットはおいしい食物にさえ見向きもしなくなります。

そこから自然に導き出される結論として、このドーパミンシステムのはたらきは、快楽を支配しているといえるでしょう。つまり、側坐核＝ドーパミンシステムの細胞は、何らかの行動によって快楽を得ているとき、あるいは快楽が期待できるときに活発になるのです。一連の検証結果がそれを示しています。

サルの実験では、餌をおいしいと感じると、側坐核の細胞が興奮する。しかも、まだ食べる前の段階、つまりその餌が与えられるとわかった時点でも同じことが起きるのです。

さらに、コカイン、アンフェタミン（覚醒剤）、ヘロイン、アヘン、タバコといった主要な中毒性薬物のほとんどは、ドーパミンを使う細胞に影響を与えます。

たとえばコカインは、ドーパミンを破壊する酵素を非活性化するので、ニューロンとニューロンのあいだにドーパミンが過剰に蓄積されることになります。アンフェタミンはドーパミンを過剰に放出させます。ヘロイン、モルヒネ、タバコは、他の脳内物質システムを操作することによって、ドーパミン作動性のニューロンに、やや間接的ではあるものの、強く影響を与えます。

また、人間の男性が魅力的な女性の写真を見ると、側坐核の活動が急激に増すことがわかっています。

なかでも驚くべき現象は、「脳内報酬刺激」と呼ばれるものでしょう。脳内のある特定の部位に小さな電極を埋め込んで刺激を与えると、動物たちはその刺激の中毒になるというのです。

脳の中に微弱電流を流すと、その部位の作用が刺激――あるいは増進され、通常の脳の機能が非常に活発になります。特に「外側視床下部」と呼ばれる部位については、ラットもサルも、そこに電流刺激を得るためなら何でもしようとします。

刺激が断続的に与えられる場合は、摂食や性交などほかの快楽的行動も増進されますが、レバーを押すことで刺激が与えられる場合は、時間と労力をすべてつぎ込み、レバーを押すのに専念するのです。

事実、刺激の連発を受けるために、3000回でもレバーを押すことを厭いません。報酬にとらわれるあまり、発情中の異性や食物、さらには水までも拒み、ひたすら無心に押し続けるのです。

この実験を人間で行うのは当然ながら難しいことです。けれども過去には、似たような刺激実験が行われたケースがありました。

1960年代から70年代にかけて、重いてんかんやその他の神経性疾患、また時には精神障害に対し、外科手術による治療が選択されていた時期のことです。

脳組織の特定の部位を破壊あるいは分離する前準備として、外科医たちはいくつかの違った場所に小さい電極を埋め込んで電流を流していました。

人間における大脳皮質下の一連の組織は、おおよそラットの「報酬系(インセンティブ顕現性などをつかさどる神経回路のグループ)」に相当するもので、刺激を受けると、満ち足りた感覚を生み出します。

そうした感覚も、安堵（あんど）感から好奇心、落ち着いたおおらかさからオーガズムに匹敵するほどの陶酔（とうすい）感まで、幅広いものです。

この患者たちの場合には、脳への刺激を自分で管理するよう任されたときに、ラットと同じことをしたというのです。となると、脳に対する電気刺激は、うつ病の治療に可能性を開くものだといえるでしょう。

さらには、体内に何も挿入せずに刺激を与える方法も研究されています。

そのうちの一つ、「経頭蓋磁気刺激療法」は、頭の外側にコイルを置き、磁場をつくり出すことで脳組織に電気変化を引き起こすものです。これなら、頭蓋骨に外科手術も直接的な電気ショックもほどこさずにすみます。この技術はまだ研究段階ですが、うつ病の治療に役立つかもしれない実験結果がすでに得られています。

脳内報酬刺激の主要部位であるラットの外側視床下部は、側坐核のドーパミンシステムと直接結びついています。実際、側坐核へのドーパミン注入という直接的な報酬を与えると、ラットたちは、電気刺激を得るときと同じぐらい熱心に、レバーを押すことに力を注ぎます。つまり、この回路全体が、快楽を得る行動のためにあるのだといえます。

ドーパミンの注入や電気刺激は、何かとてもすばらしい体験をしたときの効果を模倣(もほう)しているのです。ところが、最近の実験から、さらに興味深いこともわかってきました。

快感をつかさどるメカニズム

ラットが餌を摂取するときの行動を、さらに詳しく注意深く観察してみると、餌への反応がどの程度ポジティブなものであるかを判別することができます。

好きな餌であれば、飛びはねて前足をなめる。嫌いな餌であれば、首をふり顔をこする——。

外側視床下部に刺激を与えてやると、餌をより多く食べますが、その表情からはさほど喜んでいるようには見えません。

むしろ大いに欲したはずの餌を、どうやら嫌がっているのです。

逆に、ドーパミンを遮断する薬物を使ってシステムを閉鎖させると、ラットはいかにおいしい餌に囲まれても見向きもせず、飢え死にしてしまいます。

ところが何か甘い液体を舌に載せてやると、たとえ受け身であってもラットの表情が変化して、その味に通常と同じ快楽を感じていることがわかります。

つまり、あるものへの「欲望」をつかさどるメカニズムと、手に入ったものを「好きだと思う感覚（快感）」をつかさどるメカニズムは、まったく別物なのです。何かを強く求めていながら、それが手に入ると、ほとんど、あるいはまったく喜びを感じないということもあり得るのです。

人間の心理でも、欲することと好むことが乖離（かいり）している例をあげることができます。

これまでも見てきたように、欲望の達成が幸福感に与える影響について、人はあまりうまく予想できません。探し求めていることが実現した場合のポジティブな変化について、非現実的なまでに過大な期待を寄せてしまうのです。

これは、何かが欲しいと思っている事実と、それを得れば幸せになれるという期待とを、私たちが混同しているからです。

ドーパミンシステムに作用する濫用性薬物には高い中毒性がありますが、そのうち実際に快感を得られるものはほとんどありません。ニコチンを例にとると、喫煙によって得られる快感はほんのわずかで、人々がなぜこれほど中毒になるのか、納得のいく説明はできないのです。

これらの薬物は人間の欲望システムを刺激することで、完全に自己市場的な商品になります。もしあなたが愛煙家なら、あなたは化学物質にだまされて、実際には楽しめていないものに膨大な時間とお金を費やしていることになるのです。

ドーパミンシステムは、「オピオイド」と呼ばれる脳内物質と相互作用を行います。体内で自然につくられるオピオイドは、似たような作用を持つアヘン（オピウム）にちなんで名づけられたもので、一方、同種の合成薬はアヘン剤（オピエート）と呼ばれています。

オピオイドはやはり、快感と直接的な関係があるようです。

ラットが甘い味覚を感じると、脳内にオピオイドが放出されます。またラットの脳の広い範囲にアヘン剤（オピエート）を注入すると、食欲が旺盛になります。反対に、人間がオピオイド遮断薬を服用すると、ふだんならおいしいと思うものがまずく感じられるようになります。

ヘロインやモルヒネ（アヘン剤〈オピエート〉）などの薬は体内のオピオイドを模倣するので、これが陶酔感をつくり出す元になっていると考えられています。アヘン剤（オピエート）とオピオイドはまた、強力な痛み止めになります。これは非常に面白い現象だといえるでしょう。

先述したように、快感などのポジティブ感情には、相反する要求を黙殺し、自分にとって利益になるような活動を続行させるはたらきがあります。

快く感じる行動をとることによってオピオイドが放出され、それが、自身の関心を引こうとしている体のほかの要求サインを抑え込むというのは、なるほど理解できる話です。

たとえば、あなたがついに理想の相手と愛を交わす段になったとする。そんなときに、食べものや足のケガのことで、わずらわされたくないでしょう。

この体内生成のオピオイドより何百倍も濃度の高い人工的アヘン剤（オピエート）を使えば、無痛覚が実現できるわけです。

オピオイドとドーパミンシステムが互いに密接に関係しているのと同様に、「欲すること（欲望）」と「好むこと（快感）」はたいていセットになっています。

入院中のヘロイン中毒患者を対象とした比較的新しい研究によって、この相互作用のしくみが明らかになってきました。被験者は、ある作業をしたら注射が受けられるという選択肢を与えられます。注射の中身は時にはモルヒネ、時にはただの食塩水です。注射を受けるためには45分間のうちにレバーを３０００回押さなければなりません。

被験者は受けた注射について、どれぐらいの快感を得ることができたか、そしてそれが麻薬入りだと思うかどうかを判断して報告します。

中濃度のモルヒネの場合、被験者は注射を快く感じ、それを得るためにレバー押しの作業を続けます。食塩水の場合は「意味なし」と判断し、レバーを押すのをやめてしまいます。非常に低濃度のモルヒネの場合、注射は「意味なし」という評価を下しますが、レバー押しの作業は、高濃度のときとまったく同様に続けるのです。

言い換えれば、低濃度だと欲望のシステムを作動させることはできても、快感のシステムは作動させられないということです。

こういった薬物はみな、性交、いい食物、水、危険回避など、進化の過程で優先されてきたものに対する人間の自然な反応を、（拡大して）模倣するものです。

自然の状態でも、欲望と快感とのあいだに奇妙な断絶が見られることがわかっています。

たとえば魅力的な相手との交接など、直接的かつ強力に個人の適応度を高めるような行為は、欲望と快感の両方を作動させる条件を十分満たしているといえます。だから、私たちはセックスを心地よく感じ、かつ、再びそれを求めるのです（しかもオピオイドによる無痛覚のおかげで、足のケガのことも忘れていられます）。

適応度を高めるにはやや弱いもの、たとえば収入や社会的地位のわずかな上昇は、欲望システムを作動させるには十分かもしれませんが、快感を得るには至りません。快感や幸福感を高めるわけでもないことに必死で努力するのは、そういうわけなのです。中毒患者と同じで、なぜか、そうせずにはいられなくなるのです。

セロトニンのシステムを理解する

これらの研究は「欲望」と「快感」に関する脳の基本原理を示してくれますが、「幸福」はそのいずれとも異なるものです。〈ソーマ〉がつくり出したのは、おだやかさ、満足、ウェルビーイングといった感覚です。それには、セロトニンシステムが関わってきます。

前述したように、d‐フェンフルラミンを使ってセロトニンの活動量を増大させることは、不安や恐怖などネガティブな感情にともなう思考を減退させることにつながります。セロトニン強化薬は、うつ病だけでなく、不安、恐怖症、内気などの解消にも効果的です。

また強迫神経症患者に対して使用されることもあります。強迫神経症とは、日課を何度もチェックしたり、手を何度も洗ったりといった、特定の考えや行動を繰り返さずにいられなくなる病気です。多くの場合、その日課や習慣がこなせなかった場合のネガティブな結果を恐れているので、これもある意味、不安の一種だといえるでしょう。

セロトニン促進剤は、これらネガティブ感情のシステムを解体させるはたらきを持っているようなのです。一方、うつ病、自殺願望、凶暴性などを持つ人の血液や脳を調べると、セロトニンの活動量が異常に低いことが明らかになっています。

ではセロトニンシステムとは、いったいどのように作用しているのでしょうか？

この問題はまだはっきりとは解明されていませんが、一つの可能性としては、ポジティブ感情とネガティブ感情を調整している脳のある特定の回路を、セロトニンが流れているのではないかと考えられています。

実際、ポジティブな誘因とネガティブな誘因は必然的に天秤にかけられるものですし、最適なバランスもやはり周囲の状況しだいで変わります。

たとえば、おいしそうな果実を見つけたサルは、ジレンマを抱えます。それにむしゃぶりつくことと、敵を警戒すること、どちらにどの程度の注意を傾けるべきなのか。

そこでの最適なバランスは、置かれた状況によってさまざまです。

その場所が四方から丸見えの地面だった場合、いかにその果物がおいしそうでも、ネガティブな感情システムのほうがおそらく優勢です。でも木の上の安全な場所だったなら、快楽主義にしたがってむしゃぶりつけばいいでしょう。

さらに重要なことに、ネガティブ感情とポジティブ感情の適正なバランスは、そのサル自身の属性にも関わってきます。

よそから移ってきた下っぱの新参者は、ごちそうをぬけがけして仲間に袋叩きにあうのを恐れて、何よりもまず慎重になるはず。ところが、これがアルファ雌（群れの中の順列1位の雌）であれば、敵からの攻撃の心配もほとんどなく、ましてや仲間の目などまったく気にすることなく、悠然と食事ができることでしょう。群れの中心で最も安全な場所にいるからです。

セロトニン強化薬が、ネガティブ感情システムからポジティブ感情システムへ、比重を転換させていると考えれば、それはまさに期待通りの効果をもたらします。不安、恐怖、パニック、不眠などの症状をやわらげ、社交性、協調性、ポジティブ感情を高めます。

非常に面白いことに、野生のサルを調べたところ、セロトニンが社会的立場に関係あることがわかったのです。地位の低いサルはストレスホルモンのレベルが高く、血中セロトニン濃度が比較的低い。逆に、毛づくろい（グルーミング）に多くの時間を費やすような地位の高いサルは、ストレスホルモンが少なくセロトニン濃度が高いのです。

さらには、アルファ雄のいない群れでは、〈プロザック〉を投与された下位のサルが、アルファの地位にまで上がったといいます。

このことは、セロトニンシステムの機能に新たな見方を与えてくれます。「低セロトニン症候群」はただの病理、すなわち脳の異常として捉えられがちですが、このサルの研究でもわかるように、実際には調整可能なシステムに根ざしているのです。

地位の低いサルにとっては、ネガティブなほうに感情のバランスを変えていくほうが理にかなっています。心配すべきことが山ほどあって、もし注意を怠れば、死ぬか村八分になるかなのですから。

同様に、ストレスが多いのも病理などではありません。

下等サルは、集団グルーミングだの組織再生だのといった長期的な問題から、危険回避という直近の課題に力を再分配しなければなりません。ストレスホルモンが、体内のエネルギーをそちらの方向へと動かすのです。

人間にも同じようなことがいえるでしょう。

ある集団から別の集団へと移動することは非常にストレスのたまるものだし、自信のない新入社員は、ベテラン社員よりずっと心細く、被害妄想が強いものです。社会経済的階層において地位が低いほど、不安やうつ病的傾向が強くなります。

ある意味、それは正しいのです。心配事がそれだけ多いのですから。


長い目で見ると、社会的地位は、その人の健康状態に大きな影響を与えます。


もっとも医学の進歩と経済発展によって、何世代か前の富裕層に比べ、いまの貧困層も客観的な状況は改善されています。

けれども、社会の中で最も不安定な立場にあるという事実が、ポジティブでストレスの少ない状態からネガティブでストレスの多い状態へと、セロトニンの調整が変化する大きな要因になるのです。

極端にセロトニンの少ない状態が、ネガティブ感情の臨床疾患――いわゆるうつ病と不安障害です。これらの病気が単に、適応範囲の極端な例に過ぎないのか、それとも機能が実際に異常を来(きた)しているのかは、議論が分かれるところです。

私はどちらかといえば後者の可能性を支持します。なぜなら、臨床的うつ病が長期にわたってもたらす絶望、破壊、消極性などは、どう解釈しても何の利益にも結びつかないからです。もしかしたら大昔の先祖たちにとっては、ほんの短期間、うつ的な状態になること（ただ何もせず座っていることなど）が何らかの適応性をもたらしたのかもしれませんが、それが一部の人々に慢性的に表れるようになり、ついには病気の域にまで発展してしまったのかもしれません。抗うつ薬と心理療法は、このようなありがたくない機能の作動を解除するための方法なのです。

セロトニンシステムのはたらきをめぐるこの見方が正しいなら、セロトニン注射を模倣した薬物についても、多少は予測することができるはずです。

第一に、コカインやヘロインがもたらすような急激な陶酔感ではなく、もっとゆったりとした、抑制を解かれたウェルビーイングの感覚を生み出すはずです。

第二にこの薬は、主に欲望システムに作用するドーパミン剤と違い、ネガティブ感情をポジティブなものに変化させるシステムに作用するため、直接的な中毒性は持たないはずです。

もちろん多少の中毒性は起きるでしょうが、それは間接的なもの。つまり引き起こされたポジティブな気持ちによるものであって、直接的に化学物質に起因するものではありません。

そのような薬も実際に存在します。その名もずばり「エクスタシー」、MDMAという化学物質を有効成分に持ち、非常に華やかな変遷をたどった薬です。強力なセロトニン放出薬として何十年も前に合成されたものの、すぐには需要がありませんでした。

それがサイケデリックな1960年代から70年代にかけて、心理療法の補助薬として真剣に実用化が検討されました。ウェルビーイングや認識力、他者との共感といった感覚を強く呼び覚ます作用があるからです。

80年代に入ると、爆発的なダンス文化の流行にともなって、気晴らしのための薬として広がり始めました。80年代には違法化されたものの、かえってそれが人気に拍車をかけ、先進国では週末ごとに何百万粒もが消費される事態になったのです。

欲望優先のアヘン剤（オピエート）のような渇望感をともなわず、むしろパーティー好きな使用者たちのあいだに協調性と一体感をもたらすエクスタシーは、夢のような麻薬だと思われていました。ところが1990年代に入り、濫用のつけがまわってきたのです。

MDMAは実験動物の脳細胞を破壊しますが、エクスタシー常用者にも記憶障害の症例が次々と報告されるようになりました。それ以上に、セロトニン伝達を瞬間的に増大させるかわりに、効き目が切れると逆の効果を残すのです。

常用者は週のなかばになると激しい落ち込み、うつ状態、攻撃性を示し、それを解消するには、週末にまた同じ薬を服用するしか手立てがないのです。

セロトニン関連の麻薬にはほかに、ＬＳＤのような幻覚剤があります。ＬＳＤは化学的にセロトニンと密接に結びついています。

セロトニンの心理学的な重要性を発見したのは現代の科学者ばかりではなく、あらゆる土地の原住民たちが、セロトニンに似たものを合成してきました。サボテンからとれるメスカリン、キノコからとれるシロシビン、南米の、つる植物からとれるアヤフアスカなど。これらの薬物は、エクスタシーと違って幻覚に重点が置かれていますが、誇大妄想や自己超越の感覚は同じです。

エクアドルやペルーの原住民の中には、アヤフアスカを治療、自己発見、祭礼、シャーマニズムなどの場で使用する伝統がありますし、ＬＳＤを心理療法の場で使う実験も、過去には行われていたことがありました。

右脳、左脳のバランスを調整する

ポジティブ感情とネガティブ感情、それぞれの系統（システム）間の調整とは、どうやら脳の右側と左側の調整でもあるようです。

小脳扁桃を含む回路が、「経験」に「感情」のレッテルを貼る役目を担っていたことを思い出してください。小脳扁桃は大脳の前頭葉にまでつながっています。

人がコミカルな映像を見て笑うときには、醜悪な映像を見て顔をそむけるときと比べて、脳の左半分がより活発に活動し、右半分は活動が鈍くなります。

ＰＥＴを使った調査では、映像を見たり記憶を呼び覚ますことで悲しい気分になると、被験者の右の前頭葉の一部分で活動が活発になりました。うつ病患者の平静時の状態を健康な被験者と比べたときにも、同じ結果になったということです。

同様に、実験開始前の左右前頭葉の相対的な活発性が、感情的な体験にその人がどのように反応するかを予測する上で、有効な手がかりになります。

最初から左半分のほうが活発だった人は、ポジティブな映像にポジティブな方向での反応を示し、逆に右半分のほうが活発だった人は、ネガティブな映像にネガティブな方向での反応を示すのです。つまり、平静時の脳活動のバランスはその人の感情的な既定値（プリセット）で、それはセロトニンが作用する回路によって制御されているようなのです。

ということは、私の知るかぎりではまだ実証されていませんが、d-フェンフルラミンやSSRIは、脳活動のバランスを右前頭葉から左前頭葉へと変化させるはたらきを持つのではないか、という仮説が成り立ちます。

感情神経科学の研究生メリッサ・ローゼンクランツのチームが最近行った研究で、脳の左右の偏り（かたよ）の重要性が明らかにされました。

まず被験者の前頭葉活動の左右の偏りはそのままにして、インフルエンザワクチンを注射します。ワクチンというのは病原菌の一部を不能にしたものですが、体内の免疫システムはだまされて、本物だと思って攻撃します。そのおかげでワクチン接種が効果を持つのです。

ローゼンクランツは、平静時の右前頭葉の活動レベルが高いほど、つくられる抗体の量が少ない、つまり、病原菌に対するその人の免疫反応の効果が低いことを発見しました。

この驚くべき発見は、幸せと健康を結びつける大きな手立てとなるものです。平静時の精神状態は長期的な健康や寿命を予測する手がかりになります。神経症的傾向やうつ病は、身体的・心理的健康障害の元になるというわけです。けれども、身体と心をつなぐ道筋では、まだまだすべてが解明されているわけではありません。

さて日ごろの精神状態は、前頭葉活動の非対称性のせいでかなり個人差がありますが、それはまたストレスへの対応の強さをも決定しているようです。

ストレスというのはホルモンによって制御(せいぎょ)されているシステムで、基本的には力を注ぐべき対象を、短期的目標と長期的目標のあいだで変化させるものです。ストレスがかかると血液が内臓から筋肉へまわり、糖分とアドレナリンが放出され、緊急でない機能は低下させられます。

これはこれでいいのです。いや、非常に有効なのです——たとえば全速力で敵から逃げなければならない場合などは。けれども、もしこのシステムが四六時中稼動しなければならないとしたら、長期的な健康は当然むしばまれていきます。

悲しみ、不安、憂うつなどはこのストレスシステムを病理的に作動させ、ひいては免疫システムを抑制してしまう結果になります。これが、ストレスのもたらす長期的で重大な弊害なのです。

性格は遺伝子に左右される

前章で、性格という要因が、生活におけるポジティブ感情とネガティブ感情のレベルを大きく左右することを見てきました。

性格要因は個人の緊張の度合いをある程度反映しているはずなので、たとえば内向的な人の脳と外向的な人の脳を比べてみることもできるはずです。

これまでの検証結果を元に推測するなら、まず第一に、神経症的傾向の強い人は右の前頭葉の活動が比較的活発で、外向的な人は左のほうが活発だと考えられます。

実はそれを裏づけるような研究がすでに報告されています。心理・精神医学者リチャード・デイヴィッドソン率いるウィスコンシン大学の研究チームが、幼児の集団遊びの様子を観察したものです。

彼らは子どもたちを、母親のそばから離れられるかどうか、目新しいおもちゃを積極的に試しているかどうか、おしゃべりかどうかなどの項目を元に、比較的引っ込み思案なタイプと、比較的物怖じしないタイプとに分けることができました。

その後、「引っ込み思案な」子どもたちは、平静時に測定してみると、相対的に脳の右側の活動が活発で、逆に「物怖じしない」子どもたちは左側のほうが活発なことがわかりました。

子どもたちがたまたまその日にそういう気分だったわけではありません。なぜならこの脳の検査は、遊びの様子を観察した日から数カ月後に行われたからです。

同様に、前述のように、感情的変化をうながすようなことが起きる以前の脳活動が、左右どちらが活発であったかによって、その人の物事への反応を予測することができます。つまり左右の不均衡は、そのときの精神状態を表すだけではなく、その人の性格上ふだんから変わらない側面を表しているのです。

性格についてもう一つ推測できるとすれば、セロトニン・ドーパミンシステムの作用と、個人の性格的特徴とのあいだには何らかの関係があってしかるべきだということです。

セロトニンシステムがポジティブ感情とネガティブ感情のバランスを調整するものであるなら、強い神経症的傾向、つまりネガティブ感情を好む傾向は、セロトニンシステム機能の何らかの変化に関係しているといえるのではないでしょうか。

実はこの予測を裏づける根拠もあるのです。

5HTTと呼ばれる、セロトニントランスポーター(正確にいえば、ニューロン間でメッセージを伝達するセロトニンを、シナプスから除去するはたらきを持つたんぱく質の、産生を制御している)遺伝子があります。

この遺伝子には長短2種類の型があり、少なくとも一つは長いほうの型を持つ人は、平均的に見て、短い型を二つ持つ人に比べて、神経症的傾向が低いということがわかっているのです。かたや外向性は、前章で論じたように、人生によいものを求める意欲が高いこと、とも理解できます。

こういう人たちにとって、ドーパミンの機能はいくぶん違ったものになるのではないでしょうか。ここにも、いくらか裏づけになる事実があります(もっとも、これに関してはまだ立証されていないということを付けくわえておきましょう)。

脳内ドーパミンの受容体の一タイプをつくるための遺伝子には、いくつかの型があります。その人の持つ遺伝子の型が長いものであればあるほど、外向性などの性格特徴が強くなることが、ある研究で明らかになってきたのです。

これらの発見は非常に刺激的です。

ここにきてようやく、遺伝子がいかに脳の組織の細部を形づくるのか、そして脳の組織の細部がいかに感覚や行動を形づくるのかが、解明され始めたのです。

けれども同時に、これらの発見は少々残酷でもあります。もし幸福が化学反応に左右されるもので、その化学反応もある程度は遺伝による青写真で決まってしまうのなら、自分を薬漬けにしたり遺伝子操作を試みたりする以外に、いまより幸福になれる希望など、いったいどこにあるというのでしょうか？

ひらたく言えば、そもそも幸福感とは、変えることができるものなのでしょうか？

このテーマについては、次の章で見ていくことにしましょう。

第6章

感情は、コントロールできる?

ネガティブな状態から抜け出そう

●幸福度を変えることは可能なのか

ここまで論じてきたデータを前にすると、人の幸不幸などどうあがいても動かせないのだ、と結論づけたくなるものです。

パーティーやチョコレートやセックスのおかげで数時間気分を高揚させることは可能だけれど、そんな快感もやがて色あせ、元の気分に戻ってしまう。もっと大きな生活上の変化でさえ、いかに好ましく思えても、数週間、数カ月たつうちに慣れっこになってしまう。性格という、おそらく一生ほとんど変わらない要因が、基本的な幸福度を強く規定している。さらには、脳の機能が幸福を直接支配しているということがわかってきた――。

ただ、この最後の発見については過剰反応するにおよびません。脳の機能が私たちの幸せを直接支配しているのは、考えてみれば当然のことです。幸せが、たとえば足の筋肉に支配されているわけではないのですから。

大事なのは、そのしくみが、長い年月をかけてようやく解明されてきたということです。

脳は非常に柔軟な器官で、周囲の状況に適した形でその化学反応を変えることができます。

脳に基盤があるからといって、心理的あるいは社会的方法で幸福度を変えることが、本質的に無理だというわけではないのです。

「幸不幸は変えられる」と他人に信じ込ませたい人たちが、どうやらたくさんいるようです。近くの本屋に行ってみれば、「言葉の万能薬」が棚をまるまる占拠していることでしょう(新たに出版される自己啓発本の数は、年間2000冊にものぼります)。

たとえばこんなタイトルで。

『居間で踊ろう——裸のままで』
『下着を替える、人生を変える』
『暮らしを変えて大胆に生きよう!——「スタートレック」に学ぶ処世術』

ちまたに出まわる幸福の処方箋は、なにも書物に限りません。ありとあらゆるセラピー、ハーブ製品、スピリチュアル技法の数々。加えて、広告宣伝の類いが描く、新商品を幸せそうに使う幸せそうな人々――。ほとんどはその効果が実証されていない、もしくは検証不可能なものであるにもかかわらず、これらの商品はおそろしくよく売れています。

それらは、よく見ればただの常識、あるいは多少助けになるもの、または気休めで効果が得られるものから、はては詐欺まがいのインチキ療法まで千差万別です。

これまでの調査によれば、多くの人が、自己啓発本や自分でほどこすセラピーを有益だと考えています。けれどもこの調査は、効果の見えている部分にしか触れていません。

非現実的な期待を無駄に高められてしまうというマイナス面については、体系的な調査がなされていないのです。しかしこれは切実な問題です。

世間にあふれている本の多くは、「あなたもスーパーマンになれる」「一点の曇りもない完璧な幸せと、限りない富とエネルギーを手に入れよう」と読者をあおります。これらの本の裏表紙を読むだけで、なんだか今の自分が出来損ないのような気がしてきます。

それでもし、本を読んでもこれまでの暮らしと変化がなく、エネルギーも富もこれまで通りの平凡な日々が続くとしたら？

私たちの側に何か問題があるというのでしょうか？

こういったセラピーや技法をいとも簡単に信じてしまうのは、私たちが本能的に、完璧な幸せを手に入れる方法がどこかにあるに違いないと思っているからです。

宝くじを例に出すまでもなく、冷静に考えれば、永遠に続く至福などめったなことでは手に入るはずがないとわかります。なのに、こと自分のことになると、なんだか手が届くような気がしてしまうのです。

「もしかしたら何かが変わるかもしれない……何ごとも試してみなければ始まらない……」

この理不尽な楽観主義こそが、世のマーケティング部長たちのドル箱なのです。

「幸福万能薬」とも呼ぶべきこの一大ジャンルは、一対の前提によって成り立っているようです。

一つは、「個人の幸せは高めることができる」という前提。

もう一つは、「幸福感を高めることが人間の望みである」という前提です。

ほかの条件がすべて同じだとすれば、後者はまずまず正論のように思えます。もっとも、次章で詳しく見ていくように、現実はもう少し複雑です。

人々が、自分の幸福度を高めることを欲していると自分で思い込んでいること、そして、他人のほうが自分より多くの幸せを享受するのをうれしく思わないことは、まぎれもない事実です。つまりそのせいで、宣伝担当者は、「これで幸せになれる！」というメッセージを、強力かつ不可欠な要素として、広告のどこかに入れておかなければならないわけです。その製品が実際にはまったく別の方向に作用する（それもかなりうまく）としても。

けれども、それらの製品がよい効果をもたらすかどうか、証拠はあるのでしょうか？

実際には、そしてここまで述べた調査結果を踏まえれば少々意外なことに、幸せが意識的に操作できることを示す証拠は、多く存在します。その効果は、たとえわずかであれ、確実に目に見えるものです。

人はそれぞれ性格によって、ふだん情緒的にどう反応するかがおのずと決まってしまうものですが、あえて何らかの介入を行えば、その反応の影響を最小限に抑えられます。そしてそれが大きな違いを生み出すのです。

薬によらない介入のうち最もよく研究されているのは、あらゆる形態の心理療法（サイコセラピー）です。特にうつ病に対しては、いい心理療法は抗うつ薬と同じぐらい高い効果を上げることができます（それら二つの組み合わせで、よりよい効果が得られることがしばしばです）。

心理療法をモデルにした自己啓発本やビデオ、幸福トレーニングプログラムなども、なかなか効果的なようです。さらには、瞑想などの習慣がもたらすプラスの効果も、広く実証されています。

これらの方法はどれも奇跡を生むものではないし、おそらく最良のセラピーとは、「完璧な幸福など到達不可能で、かつ、唯一の大切な目標でもない」と気づくことでしょう。けれども意図的な操作をほどこせば、次の三つの心理的変化を引き起こすことが可能です。

一つは、「ネガティブ感情の影響を減らすこと」。二つ目は「ポジティブ感情を増やすこと」。そして最後はさしずめ、「目先を変えること」です。

認知行動療法で気持ちを切り替える

恐れ、心配、悲しみ、怒り、罪悪感、羞恥心(しゅうちしん)といったネガティブ感情は、度を越すと、不幸をつくり出す原因になります。これらの感情は独占的な特質を持っているからです。

一人の人にフラれただけで、もう一生誰にも愛されないのだと悲観する。親戚の一人の面倒をうまく見られなかっただけで、ありとあらゆる罪悪感がむしかえされる。仕事で何か一つうまくいかなかっただけで、もう取り返しがつかない、お先真っ暗だと思い込む、などなど。

ネガティブ感情は、この点でポジティブ感情とかなり異なります。

たとえば、一度ダーツゲームで勝ったからといって、これから先、どんな勝負にも勝てるはずだなどとは思わないでしょう。誰かに思いがけず親切にされたとしても、それですべての人が善人だとは考えません——少なくとも、その逆に誰かにひどいことをされた場合のショックと、同じ程度には考えないはずです。

ポジティブ感情とネガティブ感情が対称的でないのは、そもそもの機能が異なるからです。

ネガティブ感情とは本質的に、私たちの適応にとって不利な状況、なるべくなら繰り返さないほうがよい状況への、緊急的な反応です。一方ポジティブ感情とは、単純に自分にとっていいものを感知して、当座はその状態をキープするよう命じるだけ。

つまり、ネガティブ感情のほうがより切迫しており、より総合的に意識を集中しなければならないものなのです。

この原理を動物行動で説明しているのが、俗にいう「命と晩ごはん」問題です。

チーターがガゼルを追いかけるとき、どちらのほうが長く走れるでしょうか？

ガゼルは命がかかっているのだから、長期的に見て健康が害されるほど体力が消耗しても、なお逃げ続けるはずです。事実、疲れ果てて死んでしまう寸前まで走るでしょう。走るのをやめたら、待っているのはやはり死なのですから。

一方チーターのほうは、ただ獲物の一つを追いかけているだけ。どのみち数時間も待てば同じような晩ごはん候補がさまよい出てくるのだから、疲れる前に走るのをやめるでしょう。

チーターに狙いをさだめられたとき、ガゼルは「恐怖」を体験しているはずです。ガゼルの体内で始動する恐怖のプログラムは、これを重大な緊急事態と認識し、たとえ筋肉が悲鳴を上げようと、最後の最後まで全力をふりしぼって逃げるよう全身に命令しなければなりません。

けれどもチーターのほうは「欲望」によって動かされています。チーターが欲望のプログラムに期待するのは、追いかけてもよいが、足が痛んできたらやめるよう、体に命令することです。ガゼルの肉を食べたいがために、足に一生の傷を負っては元も子もありません。

進化を経た今も、この非対称性のせいで、人間の意識はネガティブ感情システムに独占され、その他のことは考えられなくなりました。同程度の強さのポジティブ感情より、はるかに長い時間それが持続するのです。

たとえば夜中に目が冴えて、いまさらどうしようもないある状況について悶々とし、そのうちにほかの心配事も思い出されてクヨクヨ悩む。あるいは、自分がしでかした恥ずかしい失敗が気になり始めると、やることなすことすべてが愚かに思えてきて、誰もが自分を見下すだろうと考えてしまう――。けれどもそのような苦悩は、まったくの筋違いです。

現代の生活で私たちに恐怖や羞恥心や悲しみをもたらす物事は、実際には（ほとんどの場合）祖先たちにとっての大型肉食動物に比べれば、まったく脅威ではありません。少なくとも西側諸国では餓死する人などほとんどいないし、殺人率も非常に低いものです。

現代の社会はとても流動的で柔軟なので、たとえ一つの集団からはみ出たとしても、すぐに別の集団に入ることができます。

生命がつねに危険にさらされていた石器時代に、緊急事態に対応するために設計されたネガティブ感情プログラムのせいで、私たちはこうして不必要に恐怖や不安にさいなまれるのです。しかも、心配するせいでかえって恐れた通りの結果を招いてしまう――たえず不安におびえているため、態度が非友好的になり、神経質で魅力のない人間になっていき、何かいいものがめぐってきても受け入れられなくなってしまうのです。

そのような観点から、ネガティブな考え方や気持ちを解消しようという試みが、「認知行動療法」です。療法士（セラピスト）と来訪者が協力して、ネガティブ思考のパターンを突きとめ、その不合理性を明らかにするのです。

たとえばうつ病の人は多くの場合、現実的な根拠もないのに、反射的にネガティブな考え方をするのが習慣になっています。それらを洗い出し理不尽さを話し合うことで、来訪者はネガティブな考えが自分の気分にもたらしている影響に、対処できるのです。

ネガティブな感情はまた、物事を大げさに見せがちです。

たとえば、誰かに怒られるのが嫌で何かを黙っていようと考えたとしましょう。実際には相手が憤慨（ふんがい）することが気がかりなだけでなく、世間の人に後ろ指をさされるのではないか、何もかもが悲惨な結果になるのではないかと思い込んでいるのです。

認知行動療法ではそのような考え方を慎重に探り、こじつけや誤った判断がどこにひそんでいるのかを突きとめ、反証を提示します。この療法はある意味、ネガティブな感情システムの発する警告音と、より分析的で経験にもとづいた理性の声との対話です。

要するに、ネガティブな感情システムやその他の反射的なクセ（他人と自分の所有物をすぐ比較してしまう、とか）は、生物としての自然淘汰の観点からうまく設計されているのであって、「よりよい人生」という観点はそこには含まれません。

それは一つには、まさに肉体的に危険で死亡率が高く、狭い社会集団から逃れる術もなかった時代の産物です。だからこそ、恐怖、羞恥心、村八分の危険性が誇張されるのです。

心理学者ランドルフ・ネッシィの印象的な言葉を借りるなら、「自然淘汰は、人間の幸福など歯牙にもかけていない」のです。その目的はただ一つ、生き残って子どもをつくること、たとえどんなにみじめな人生を送ることになろうとも。

一方で、自然淘汰が多重構造の知性を与えてくれたおかげで、比較的無意識な感情プログラムも、周囲の状況、計画性、論理、深い反省などによって調整できるようになっています。

認知行動療法とは、理性的な療法士が来訪者に注意や助言を与えることで、このような調整機能を強めてやる方法です。認知行動療法が効果的か否か、また実際にそれがどう作用しているのかは議論が分かれますが、大半の人は、これがうつ病、不安、その他の関連症状の治療に非常に有効だと考えています。最近の研究によれば、15回から20回のセッションを受けることによって、脳のはたらきのパターンが変化するといいます。

面白いことに、この変化は抗うつ薬のもたらす変化とはまた別なのです。

うつ病患者以外を対象とした幸福増進プログラムや、良質の自己啓発本の多くは、認知行動療法の考え方とテクニックを応用しています。

認知行動療法のいいところは、物質的環境や毎日の習慣を変えなくてすむことでしょう。ネガティブな気持ちがこみあげるのを止めることはできませんが、ストレスをためたり孤立したりして負の循環に陥るのを防ぐことはできます。

大事なのは、物事に対して違った見方で対処できるようになることです。

ポジティブな感情を増やすトレーニング

認知行動療法は、しかし、たとえ成功しても、不幸せを減らせるほどには幸せを増やすことはできません。つまり、ネガティブ感情の過剰な影響力を排除できたとしても、不幸せからニュートラルな状態に戻るだけで、そこを超えてさらにポジティブな方向へと変えられるわけではないのです。

ある意味、それで十分だということもできます。ネガティブな感情は特に人を弱らせ、人生の見通しや方向性を探る気力を失わせるけれども、喜びが多少人より少なくても、ほかに方向づけをしてくれるものがあれば、人生の山を越えていけるからです。

けれども「幸福トレーニングプログラム」はさらに一歩進んで、ポジティブな感情を高めることを目的にしています。

ポジティブな感情の向上は、「快行動トレーニング」によって達成されます。その複雑なテクニックは、どんな行動をとることが自分にとって快いかを見きわめ、それを頻繁(ひんぱん)に行うことから成り立っています。

直感にしたがって自分が何が好きかを判断し、それをリストアップした上で、頻繁にその行動をとるよう決意する。あるいはもっと科学的な方法をとるなら、数週間続けて日々の行動をことこまかに記録し、別の表にはその時々の気分を記録する。得られたデータから統計をとり、どの行動が比較的いい気分に結びついたかを分析するのです。

そのような調査で浮かび上がってくる「快行動」は、友人との交流、スポーツ、文化活動、外出、目新しい場所への旅行、などです。

この快行動トレーニングはうつ病からの脱却方法の一つですが、健常者が数週間試したところ、やはり幸福度の自己評価が高まったといいます。

けれども、たちどころに疑問が浮かびます。

もし一般に考えられているように、快感が人々にある特定の行動をうながし、逆に苦痛は特定の行動を避けるためにあるというなら、なぜ人は、快感を得られるような行動を、最初からもっととろうとしないのでしょうか？　もっと快い行動をとるよううながされただけで、そんなに簡単に幸せを感じたりするものでしょうか？　むしろそんなことは、とっくの昔に自分で気づいているはずではないでしょうか？

その疑問に答えるには、人の決断の原動力になっているのが本当に幸福感であるのか、あるいは百歩譲って快楽ですらあるのか、と問えばいいでしょう。

前章で考えた欲望と快感の違いがここで生かされます。

人間の脳はドーパミンにどっぷり浸かった欲望システムによって装備されていて、昇進や昇給、豪邸や家財、魅力的な伴侶や平均2・4人の子どもを得るために、他人と競うよう私たちを仕向けます。

脳がこれらのものに人を惹きつけようとするのは、一部の例外をのぞき、人がそれらを好むからではなく、ましてやそれらが幸せをもたらすからでもありません。石器時代におけるそれらの等価物を勝ち得た者こそが私たちの祖先であって、そうでなかった者は生物学的に滅んでいったからです。

私たちは盲目的に、「自分が欲しいと願うもの」イコール「幸せをもたらすもの」であると信じていますが、実は、競争を第一義に考える脳によって、残酷にもだまされているのかもしれないのです。

人が生活の中で欲しいと願うものは、進化を経た脳によって欲しがるよう命じられているものであって、そこには幸福などという概念が入り込む隙などないのです。

昇進など気にせずボートづくりに打ち込む、あるいはボランティア活動をしたほうが、よっぽど幸せになれることは、多くの例が示しています。しかも経済的成功を重要視すればするほど、仕事にも家庭生活にも満足できなくなるものです。

驚くことに、人は物事を欲することに専心するあまり、自分が楽しむのを忘れてしまうこともあるのです。そうなると必然的に不満がたまりますが、そういう人は、いわゆる世間一般の(そして進化の)基準からすれば、成功者である場合が多いものです。

人の行動は、欲望と、何が幸せをもたらすかについての思い込みによって動かされます。この思い込みは実情とは食い違っていることがあるのです。

人間は夢の実現がもたらす幸せを過大評価し、欲していない状況を乗り切る能力については過小評価することを思い出してください。そのような誤りを訂正するべく経験から学べるかどうかは、残念ながら保証されていません。なぜならこの思い込みは、心に充足感を与えるためではなく、自己のDNAを複製するために設計されているからです。

けれども、快行動トレーニングなどの方法を使うことで、少なくとも理論上は、通常、行動に動機を与えている欲望システムの落とし穴を避けることができます。

快行動トレーニングも認知行動療法も、非常に興味深い含蓄を秘めています。

私たちは、自分の不満の原因は他人の敵愾(てきがい)心であり、(社会主義者にとっては)会社資本であり、(保守派にとっては)国であり、(無神論者にとっては)神であり、(信仰者にとっては)拝金主義であると思っています。

けれども実は、慢性的な不満とは個人の内なるメカニズムのなせるわざで、好みにまさる欲望の暴虐や、ネガティブ感情の過剰活動が引き起こしているのです。

さらに言えば、不満は私たちの内なるメカニズムが暴走するがゆえに起きるのではありません。欲望のシステムはあなたをとりこにして、あなたが繁殖者として最大限成功するべく仕向けるようにできているのです。ネガティブ感情のシステムにしても、そもそも活動が過剰になるようにできているのです。

なぜなら、警報の誤作動に10回脅かされるほうが、危険に気づかずにいて死ぬよりマシだからです。もしも私たちが幸せになろうと決心するなら、最大の敵は、まさにそう思っている私たちの心理そのものだというわけです。

けれども幸いなことに、人間心理というのはなかなか賢く柔軟性に富んでいて、認知行動療法や快行動トレーニングといった策を生み出しました。こうして自分の心理と対話することが可能になったのです。

マインドフルネス瞑想(めいそう)のススメ

そこでこんどは、幸福感に介入する最後の、そしておそらく最も効き目のある方法に目を向けることにしましょう。

認知行動療法や快行動トレーニングは、人生における幸福の質を、かたや思考を通して、かたや行動を通して操作するものです。けれども、自分の中の快体験に注目することだけがいい方法ではありません。それどころか、古くから「幸せのパラドックス」と呼ばれてきた問題を引き起こす危険さえあるのです。

幸せのパラドックスとは、幸せそのものを追求しようとすると、かえってそれを遠ざけてしまい、逆に何か別のことを追求すれば、はからずも幸せを引き寄せることがある、という考え方です。

このパラドックスを明確に表現しているのが、ジョン・スチュアート・ミルの言葉です。

「自分の幸せ以外の目標に全霊を傾ける人だけが、幸せをつかむ。

何か別のことに狙いをさだめていれば、その道すがら、幸せが見つかるのだ」

反対に、自分の幸せばかりに意識を集中させていると、むしろその欠如に注意が向いてしまいます。ミルはこう続けます。

「自分は幸せかと自問してみるがいい。とたんに幸せではなくなってしまう」

人間は古来、ネガティブ感情の影響を最小限にとどめるために、自己より大きな存在とつながろうとしてきました。

多くの人は自然、それも雄大な自然の景色を見て元気づけられます。人間が水辺や野生動物を擁する広大な風景にあこがれるのは、私たちの祖先たちが命をはぐくむ土地を求めた、そのメカニズムの名残りなのだろうと指摘する人もいます。

私たちは、自分を超越した物事に、他人の物語を通して結びつこうとします。それは友人たちの語る実話だけでなく、芸術や文学によって語られる想像上の物語でもいいのです。それらの語りは、「人間であること」の苦悩に直面しているのは自分だけではないのだ、と悟らせてくれます。

あるいは、たとえば切手の収集や凧の製作など、物質的な世界に介入し何かを組織することに、本能的に充実感を得る人もいます。

宗教への信仰もまた、自身を超えた存在に自己を結びつけるものです。信仰を持つ人は、健康面でもウェルビーイングの面でも恩恵を得ていることが、多くの調査から知られています。

そこにはいくつもの説明が可能でしょう。

一つには、宗教的な集団が、共同体としての支援や連帯の機能を持っていること。また、信心深いという性格そのものも影響しているはずです。

それに、宗教が健康的な生活様式をうながすことも一因でしょう。

けれども、いま一つの別の要素は知的作用によるものです。宗教の持つ高い次元の物語性が、人間存在の苦しみや不安をやわらげ、思いや気持ちをより大きな文脈で捉えるので、個人のなぐさめにつながるのです。

イェール大学の心理学者パトリシア・リンヴィルによれば、自己イメージの複雑さは人によってさまざまです。たとえば私は、自分のことをただの研究者だと考えることもできますが、研究者であり作家であり教師でありコックであり友人でありバドミントン選手である、と考えることもできます。

リンヴィルは、その人の自己イメージが多岐にわたればわたるほど、成功や失敗によって幸福感が浮き沈みする幅が狭くなると述べています。

その理由は理解しやすいものです。私がただ研究者でのみあったなら、学術的な挫折にぶつかったとき、私の全存在が無能で無価値だと思えてしまいます。けれどもほかにたくさんの顔を持っているなら、その挫折が自身の存在自体に与える影響はさほど深刻ではなくなります。リンヴィルの研究が示しているのは、いくつもの顔を持っていれば、ストレスにさらされたときにも、うつ病の症状を避けることができるということです。

同様に、地域の共同体に属していたり、ボランティア活動をしていたり、社会との接点が多かったりする人は、そうでない人に比べて、より健康でより幸せな生活が送れることでしょう。もちろん幅広い関心を持つことで、必ずしも苦しみが遠のくわけではありません。けれども、自分の気持ちを客観的に見つめることが可能になります。

もう一つ、これと似たようなテクニックが瞑想です。瞑想が主観的ウェルビーイングに与えるいい影響には、目を見張るものがあります。

日ごろから瞑想を実践している人はネガティブ感情の程度が低いものですし、「マインドフルネス瞑想」の講習を受けた人は、ストレスが減り、ウェルビーイングの感覚が増し、免疫反応も改善されたといいます。

マインドフルネス瞑想とは、自らの意識の中身に気づき、同時に、自分をそこから切りはなすよう教えるものです。そうすることで、ネガティブ感情自体を客観的に見つめ、その感情は厄介だが一時的なものであり、その主体である自分の一部に過ぎないのだ、と捉え直すことができるのです。

この考え方は、最近開発された認知療法、すなわち「マインドフルネス認知療法」にも応用されています。

認知行動療法がネガティブ思考そのものを変えたり克服するのに対し、マインドフルネス認知療法は、単純に意識の中身に気づき、先入観なしにそれを観察することで、ネガティブ思考のもたらす影響からある程度距離を置こうとするものです。

また興味深いことに、過去20年以上にわたる膨大な調査研究の結果、自己の体験を定期的に文章に綴ることも、ウェルビーイングと健康にとって有益であることがわかってきました。

しかもその人の免疫機能にまで、目に見える違いが表れるというのです。書かれる内容の快不快にかかわらず、書くこと自体に癒やしの効果があるようです。

単純に内にたまったネガティブ思考のガス抜きをしてやればいいという話ではありません。おそらく私たちは、書くという行為によって自分の考えに意識を集中させることができ、同時に、そこから一歩距離を置くことができる。要するに、マインドフルネス療法・瞑想と同じ効果が得られるのでしょう。

苦痛から距離を置くのと同じように、欲望から距離を置くことも可能です。

第5章で見たように、人間というものは欲望のシステムに強く動かされていて、それが財産の所有や社会的地位への固執となって表れます。

これらの欲望と、実際に世の中で得られるものとの差が、つねにフラストレーションの元になるわけです。金銭を重視すればするほど自分の所得に満足できなくなるのは、すでに論じた通りです。

そこで「目先を変える」ための重要な方法が、欲望や欠乏感をきっぱり捨て去ることなのです。欲望は、単に達成できないか、あるいはたとえある程度達成できても、いつまでたっても飽き足らないからです。

ウィリアム・ジェームズが、そのような「あきらめ」がいかに大事か、ということをこう表現しています。

「見栄を張るのをやめることは、その望みがかなうのと同じぐらい、清々(すがすが)しい安堵感をもたらす。一つの分野で自分が無であることを確信をもって受け入れるとき、心は不思議と軽やかになる。若く見られたい、あるいは細くなりたいという願望にとらわれるのをやめた日の、その心地よさといったら! ――『やれやれ助かった』と私たちはつぶやく。『ようやく幻が去ってくれた!』」

欲望の放棄はストア派哲学の主要テーマであり、多くの宗教的伝統でも頻繁に扱われる問題です。キリスト教においては、欲望からの脱却は集団への忠誠心(モラール)ではなく、倫理(モラル)の観点から推奨されます。

けれどもそれは同時に、飽き足らずに最後には自滅を招く、特に物質面での欲望から人々を救いだす方法として、心理学的にも有益なのです。

一方、東洋には昔から、自ら進んで簡素さを求め、欲望を巧みに操作しようとする文化が根づいており、特に仏教では、幸福は外面の飾りではなく心にあると教えられます。

インドの山奥で隠遁(いんとん)するダライ・ラマを、裕福なアメリカ人旅行者が訪ねる有名なジョークがあります。

アメリカ人から大きな贈りものの包みを手わたされたこのチベットの賢者は、派手な包装をためらいがちにはがしていきます。ところが箱をあけると、中身はまったくの空っぽ。ダライ・ラマは「おお」と息を呑(の)んでこう言ったのです。

「これぞ、私がつねに求めていたものだ！」

物質主義が、物質的な状況への不満を生み出すのと同じく、幸せを手に入れようと躍起になればなるほど、かえってそれは難しくなります。

「それは、瑕(きず)。

幸せの中で、自らの限界の向こうを眺めるのは――

それは夏空のもとで嘆きをしい、ナイチンゲールの歌声を損なう」

これはキーツの言葉ですが、幸せな気持ちを経験したければ、少なくとも、ときどきは欲望や自意識に邪魔されることなく、今ここにあるものに全身全霊を傾けることが必要なのです。

第7章

人は今より、幸せに生きられる？

矛盾をはらむ幸福の心理を解明する

「（人生とは）終わりなき、真に終わりなき闘いだ。
高原に行ってみればいい、すべてがきれいに生えそろっていることなどあり得ない。
それは植物がみな自分なりのやり方で、まっすぐ伸びようと闘っている姿だ。
ほとんどの場合、試みはむなしく終わる。
しかし、そこから何か悟りが得られるのだとしたら、何ひとつ無駄ではない」

——アーサー・ミラー

●幸せのために何をすべきか

「『銀河ヒッチハイク・ガイド』3部作」とおそろしく不正確に銘打たれたシリーズの第5作目『ほとんど無害』の中で、故ダグラス・アダムズは、ＭＩＳＰＷＯＳＯ（the Maximegalon Institute of Slowly and Painfully Working Out the Surprisingly Obvious＝マクシメガロン地道にコツコツ馬鹿でもわかること研究所）と呼ばれる研究施設におけるロボット開発の話を書いています。ロボットたちはあらゆる状況下でどう行動すべきか詳細な指示を与えられた結果、ある程度高度な知能を持つに至ります。けれどもこの方法の問題点は、何か面白いことをやろうとする場合、ロボットたちは何百万行というコードをあらかじめプログラムされねばならず、それでも、想定外の事態に直面すると、とたんに行き詰まってしまうことです。

ところがＭＩＳＰＷＯＳＯ研究所は、ついにその難題を解決します。ロボットたちに「幸せを感じる能力」を与えたのです。

これでコンピューターコードの大量の束を廃棄できます。プログラマーたちはただ、ロボットに次の三つの条件を与えればよいのです。

(a) 幸せと不幸せ、どちらかを選ぶ力
(b) その状態をもたらすための簡単な必要条件
(c) 経験から学ぶ力

これさえあればロボットたちも、何をすべきか自分で見つけ出すことができます。ＳＦ作品によくあるように、ここにはある種の真実が語られています。

これら架空のロボットについての描写は、実際の人間の構造（アーキテクチャ）にほかならないのです。

ＭＩＳＰＷＯＳＯの仮説を心理学に置き換えれば、次のようになるでしょう。

私たち人類は、あらゆる局面に流動的に対応して生きのびてきた、非常に柔軟な生物です。けれども、日々直面する個々の状況に対応できるような指示が、先天的に与えられてきたわけではありません。

そうではなく、進化は私たちの周囲の環境に、その責任の大半を譲り渡し、属する集団の規則や最良とされる行動様式にしたがえ、と命令してきたのです。

さらに重要なことに、進化は私たちに幸せを感じる力を授け、その状態を実現するための単純な条件をいくつか与えました。これらの条件が自然淘汰によって生み出されたのは、大昔にはそれが生殖面での成功と直結していたからです。

まず第一に、肉体的・物質的に安全であれば喜べ。

第二に、伴侶を得られれば喜べ。

第三に、より高い社会的地位を得られれば喜べ。

幸せの条件を具体的にどう達成すればいいのか詳細な指示は与えられていませんが、その必要もないのです。幸せをポジティブな状態と認識し、かつ、ポジティブな結果につながる行動を増やして逆の行動を減らすための学習能力が与えられれば、個人に最も適した行動はおのずと決まってくるからです。

事実MISPWOSOの考え方は、心理学者たちが昔から、人間行動の動機づけのしくみをどう捉えてきたかを、かなり正確に再現しています。

ただし、この考え方はあながち間違いではありませんが、本書で検討してきたさまざまな項目を鑑みれば、私たちに与えられたシステムはさらに洗練されていること、そして進化的理由からもその必要があったことがわかります。

MISPWOSOによる生活設計の問題点は、そこで用いられる幸福の条件が「絶対的」だったことです。

たとえば「伴侶を得られれば喜べ」というルール。これの欠点は、進化とは本質的に他者との競争プロセスであり、生殖に関する成功も、同じ環境下での他者との相対的な位置にかかっているという事実を失念していることです。

一人の女性を伴侶として得た男性は、たしかに独身男性に比べれば、生殖という面での成功者でしょう。けれども、もし彼が一夫多妻制の社会に生きていて、ほかの男性が3人も4人も妻をめとっていたとしたら？　この人は進化論ピラミッドの底辺に位置するのかもしれません。

物質的な条件についても同じことがいえます。いえ、もっと露骨かもしれません。もしライバルが暗い森をさまよっているのなら、乾いた安全な洞穴は、すばらしい住居です。けれども、もし他人が自動食器洗い機つきの煉瓦の家に住んでいたとしたら？　あなたの洞穴の家はあまり快適とはいえないはずです。

つまり進化は私たちを、周囲の状況に応じて幸せの条件を見きわめるよう、装備しなければならなかったはずです。言い換えるなら、私たちは次のように命じられる必要があるのです。すなわち「まわりの人々を見て、健康面、物質面、異性交流の面で、他人よりうまくやっていれば、喜べ」というルールです。

けれども本当は、これですら十分ではありません。

ＭＩＳＰＷＯＳＯの考え方では、幸せの条件が満たされるなら、ロボットはそこにいたるまでの過程を何度でも繰り返します。けれどもここでの問題点は、私たちの環境があらゆる可能性に満ちているということです。

あるすばらしい苺(いちご)畑があってそこが気に入ったとします。けれども丘を越えた向こうの川では、産卵期の鮭が戻ってくる頃かもしれません。苺畑で満足してしまったら鮭の獲得競争に出遅れて、ライバルより不利になるかもしれないのです。

そこで進化は次の二つを私たちに命じます。

(a) 一つの物事に満足しきって、あまり長いこと浮かれていてはいけない。

(b) いま現在手の内にある最良のものについても、評価は最低限にとどめ、将来的によりよいものを手に入れる可能性に目を向けなければならない。たとえ、それが何なのか、いまはわからなくても——。

「幸せの見きわめは相対的」という考えも、裏を返せば、たとえひどい状況にあっても悲観しなくてよいということです。特に、周囲の人も似たりよったりの場合は。

前にも触れたように、極度な不満状態に陥ると、緊急対応的な生理反応が起こります。脳と筋肉にエネルギーが注がれ、免疫システムや組織再生はあとまわしになります。けれどもそれは、できるだけ短期間にとどめたほうがいいのです。

もし悪い状態が長引き、しかもそれを変えられないのであれば、生物はそれに慣れ、苦しくてもなんとかやっていく方法を探るほうが賢明です。

つまり、進化のルールは事実上、次のように言っていると考えられます。

「もし困難な状態が変えられず、また他者も似たような状況であるなら、極度に悲観するのはやめるべきだ。もし適応上真に致命的なことが起きたら、そのときは緊急的な反応をすればよい。しかし時間がたったらそれは終わりにして基本点に立ち返れ」

●快感と欲望の思い込みを捨てる

このような視点は、本書でこれまで述べてきたことの多くと一致します。

ここで要点をおさらいしてみましょう。

□ 多くの人は自分のことを幸せだという。これは貧しい国でも、富める国の貧しい社会集団でも、あるいは失業者、家族を失った者、障害者のあいだでも、同じである。

□ けれども完璧な幸福を感じている人はほとんどいない。多くは、いまより将来のほうがよくなるはずだと考えている。

□ 所得や所有物をめぐる幸福感は、周囲の人が何を得ているかによって変わる。

□ 人は生活状況の中でのポジティブな変化には意外に速く順応し、あっさりと元の幸福度に戻ってしまう。

□ たとえば負傷や離婚といった生活上特に深刻な悪い出来事に遭遇すると、人はいちじるしく不幸を感じる。けれどもほとんどのケースでは、その新しい状況にも相当の適応を見せるものである。

このモデルのさらなる修正を迫るような発見がいくつもあります。

一つは前にも述べたように、自分のとった選択が幸福感に与える影響を、人々があまりうまく予測できないこと。それどころか、実験室でも実生活の上でも、たいして楽しくない事柄のために進んで労することを厭わず、逆に、快いと感じられることをするのに、自らを訓練しなければならない場合があるのです。

もしも私たちの心理が幸福を得るために設計されているとしたら、それでは筋が通りません。ただし進化はそのかわりに、幸せに似ている別のシステムをいくつか与えてくれました。

その一つは「快感」のシステムです。

快感の伝達役はオピオイドで、その作用は短期間しか持続しません。どうやらこのシステムの目的は、生物的適応にとって何かいいことが達成されたときに、体の別の要求やほかにとり得る行動を、ひとまず遮断することにあるようです。

快感が引き起こされるのは愛情、セックス、尊敬、食物など、明らかに有益な成果が得られた場合です。当然ながらその快感は、行動によって欲求が満たされたとき、あるいは、別の要求が割って入ってきたときにすぐに消え去ります。

一方、私たちには「欲望」のシステムも備わっています。このシステムは中脳のドーパミン回路が動かしています。これのおかげで、人は昇給やステータスシンボルを得るために、喜んで残業もするのです。欲望によって生じる行動は長期にわたります。

欲望の対象には多くの場合快感がともないますが、必ずしもそうでない場合もあります。二つのシステムは部分的に独立しているからです。

このように進化は私たちに、幸せを欲するようにではなく、生物としての適応上都合のいいことを欲するように仕向けているのです。

人類の祖先が進化してきた環境では、社会的地位は生殖上の成功に直結し、また、物的資源はつねに貴重なものでした。だから動機をつかさどる心理は、人間に、より高い地位を求めて競争し、物的資源を得るよう命じるのです。

私たちはそれが幸せにつながるからだと思い込んでいます。けれども実は、それらを欲する本当の理由は、祖先のうち最も成功したのが、それらを欲した者だったからです。幸せという観念が入り込む隙はここにはないのです。

人間は進化のせいで、幸福についての強い思い込みを抱かされています。

私たちは生まれたときから、必ずや到達できる幸せがどこかにあるはずで、それは好ましくかつ大切なことであって、自分の欲するものが、それをもたらしてくれるのだと信じ込んでいます。それらの思い込みは、どれも真実ではありません。

けれども、そんなことはどうでもいいのです。適応に有利な物事のために努力するよう仕向けられれば、進化の目的は達せられるのですから。そのために、それらが幸せをもたらすのだ、そして幸せこそ自分が欲することなのだ、と私たちに信じ込ませるのです。

しかも、実際に幸福がもたらされなくてもかまわない。私たちが努力を続けるかぎり、幸福という観念の使命はまっとうされたも同然だからです。

言い換えれば、進化は私たちに幸福の達成を実現させようとしているのではなく、幸福の追求さえ実行させればそれでいいのです。あの虹のふもとには金の壺があると思わせておいて、ようやくたどりついたと思えば、さらに向こうの虹のふもとに金の壺があるとささやく。

これがトリックであることも、経験から学べるとは限らない。そのように設計されているわけではないからです。つまり、イマニュエル・カントがいうように、幸福の概念とは、理性の産物ではなく、あくまで想像の産物なのです。

このように考えれば、本書で論じてきたほかのいくつかの所見にも納得がいくでしょう。

□ **人は幸せの概念に魅了され、幸せを約束してくれるなら、どんなシステムにも盲目的にしたがう。人生におけるほかのたくさんの美徳――フロー、連帯感、自主性などを約束してくれるような生活上のシステムも、マーケティング戦略上、幸せという名の札をつけて売り込まなければならない。**

- □「欲望」と「快感」は、部分的に切りはなすことができる。モルヒネの実験では、中毒患者が低濃度モルヒネ注射を得るために労働を惜しまないが、それを得ても実際には心地よくはならないことを思い出そう。
- □私たちは、長時間労働を自ら進んで引き受けて昇給や昇進を得ようとするが、結局は何の快感も得られないことが多い。所得や物的所有をあきらめるかわりに、友人と過ごし、趣味に打ち込むほうがどれほど楽しめることか。だがほとんどの人はそうはしない。
- □人は往々にして、ゴールの達成が幸不幸にどう影響するかを、正確に判断できない。欲したことのよい影響を過大評価してしまい、逆に欲していなかった結果にもうまく順応できる自分の力を、過小評価するものだ。
- □自分が本当に楽しめることをするのに、人はときに自分を訓練しなければならない。

求める社会が理想郷とは限らない

ジョージ・バーナード・ショーが戯曲『人と超人』で、ある登場人物にこう叫ばせています。

「だがね、生涯続く幸福！ これは到底たえられないね、この世の地獄だ」

（『人と超人』喜志哲雄訳／白水社より）

これは、幸福にまつわる不思議なパラドックスの一つを言い当てています。

幸福は好ましいものであり、それを追求することは大事だと誰もが思っているのに、フィクションの世界では、すべての人間が幸せである社会が理想郷（ユートピア）であったためしはありません。むしろそれは暗黒郷（ディストピア）であり、人々は必ず反旗（はんき）を翻（ひるがえ）します。

B・F・スキナーの『心理学的ユートピア』という、めずらしく理想郷を素直に提示した例でさえ、その後多くの読者たちから、悪夢のような未来像だと批判されています。

前出のハクスリーの『すばらしい新世界』はそれを上まわる好例でしょう。

ハクスリーが描くイギリスがなぜ暗黒郷なのか、最初は正確に言い当てるのが困難です。個人の生活を国家が操作しているからでしょうか（ここでは国家と大企業が本質的に融合しているので、実際には企業による操作といえます）。けれども、体制による個人生活への介入に反対する場合、それが人々を不幸にするものだからという前提があります。

ところがハクスリーのこの世界では誰もが幸せなのです。

また、薬によって意識が鈍らされることがあるのも事実ですが、意識を鈍化させることへの抗議は、それが不幸につながるからであって、ソーマの作用はそれに当てはまりません。ではハクスリーの描く世界に反論する根拠は、いったいどこにあるのでしょうか？

物語が進むにつれ、何が欠けているのかが明らかになってきます。ハクスリーが提示する世界には、幸せが満ちていても「フロー」が欠けているのです。

前述しましたが、フローとは、目標値は高いけれど、それに十分見合うだけの能力が備わっているという状態です。それは必ずしも幸せとは呼べないかもしれない、けれども達成感に満ちた魅力的な状態です。

『すばらしい新世界』において、あたりさわりのない消費主義、社会操作、娯楽、薬などの存在は、思いつくかぎりすべての快楽が、基本的に努力も失敗の可能性もまったく抜きで手に入ることを意味しています。作中、「西欧駐在総統（コントローラー）」がこう言います。

「『諸君自身の経験を考えてみたまえ』とムスタファ・モンドが言った。

『誰か打ち克ちがたい障碍に出会った者があるだろうか』

みなは沈黙をもって否定の返答に代えた。

『欲望の自覚とその満足とのあいだに長い時間的感覚を経験せねばならなかった者が誰かいるだろうか』

『はい』と青年の一人が言いかけた……（中略）

『ぼくの好きだった娘がぼくのものになるまで、4週間ばかり待たされたことがありました』

『そのために強い感情を経験したかね？』

『ええ、それはもうおそろしいくらい！』

『おそろしいくらい、そりゃそうだとも』と総統は言った。

『私たちの祖先はとても馬鹿で先の見通しがなかったものだから、最初の改革者たちがやって来て、彼らをそういうおそろしい感情から救ってやろうとしたとき、そういう改革者たちを相手にしようとはしなかったのだ』」

(『すばらしい新世界』世界SF全集10巻/ハックスリイ/松村達雄訳/早川書房)

哲学者ロバート・ノージックが指摘するように、もし、いつでもどこでもどんな望みでもかなえてくれる機械があったとしても、果たしてそれを使いたいと思う人間がいるかどうかは疑問です。

満足感とは、まさにそこに至るために乗り越えねばならない数々の障害が基盤になっているのだから、近道をしてしまっては、その魅力も色あせます。

ですから逆説的ではありますが、深い満足感を得たいと思うなら、失敗や挫折の可能性もすべて受け入れる必要があるのです。幸せが意味を持つためには、不幸せの可能性を認めなければならないのです。

『すばらしい新世界』の終盤で、反逆者である「野蛮人(サヴェジ)」ことジョンは、総統(コントローラー)と対峙(たいじ)します。

総統は、あまねく幸福な世の中が確立できたのは、真実や美に背を向け、安楽だけを求めたおかげであることを認めます。挑戦、技術、挫折が不可欠な美術や科学は、発展しなくなりました。幸せに代償はつきもの。安楽が保証されることで、人間存在の一部であるはずのさまざまな体験を失うことになったのです。

サヴェジはこう言います。

「ところが、私は愉快なのが嫌いなんです。私は神を欲します、詩を、真の危険を、自由を、善良さを欲します。私は罪を欲するのです」

「それじゃまったく、君は不幸になる権利を要求しているわけだ」とムスタファ・モンドは言った。

「それならそれで結構ですよ」とサヴェジは昂然として言った。

「私は不幸になる権利を求めているんです」

「それじゃ、いうまでもなく、年をとって醜くよぼよぼになる権利、梅毒や癌になる権利、食べものが足りなくなる権利、しみだらけになる権利、明日は何が起こるかも知れぬ絶えざる不安に生きる権利、チブスにかかる権利、あらゆる種類の言いようもない苦悩に責めさいなまれる権利もだな」

永い沈黙が続いた。

「私はそれらのすべてを要求します」とサヴェジはついに答えた。

（『すばらしい新世界』（世界ＳＦ全集10巻／ハックスリイ／松村達雄訳／早川書房）

幸不幸を決めるのは、その人自身

英国系オーストリア人の哲学者ルートヴィヒ・ウィトゲンシュタイン（１８８９～１９５１）は、死の間際に下宿の女主人に向かって、「すばらしい人生だったと世間に伝えてくれ！」と言い残したそうです。

ウィトゲンシュタインの人生は、およそ幸福とはいえないものでした。心配性で陰気で激昂（げきこう）

しやすく、自己嫌悪感の強い人物として有名だったのです。膨大な哲学研究の成果も、生涯にたった1冊の本だけ。その『論理哲学論考』でさえも、後に内容を自ら否定しています。

幾度も哲学の道を捨てようとし、厳しい学校教師をめざしたこともありました。後期の（死後に出版された）著作のことも、自分を肉体的苦痛同様に苦しめる哲学の問題から、自らの心を解き放つための試みだったといっています。

ウィトゲンシュタインの人生は、あらゆる美徳を勝ち得たし、個人の能力が十分生かされており、【レベル3】の意味でたしかに充実したものだったでしょう。けれどもポジティブ感情や、情緒的体験に対する満足という【レベル1】や【レベル2】の意味では、幸せとはいいがたい人生でした。

ウィトゲンシュタインの「自分の人生はすばらしかった」という評価が正しいのは、ある一つの意味においてなのです。

彼は、論理学、言語、個人アイデンティティ、文化、精神哲学の分野を深く探ることで、まず間違いなく、20世紀の哲学研究に最大の功績を残しました。直接的に自分の弟子に、それからのちに著作を通して間接的に読者に与えた影響は測りしれません。

けれどもその内実は、膨大な時間を苦しみ悶えて過ごしたのです。情緒レベルでそれほど苦しんだがゆえにこそ、【レベル3】の意味での充実感に達することができたといっても過言ではないでしょう。

問題は、その結果が果たして、それほどの代償を払う価値があるものか、ということです。

ある意味、答えは当然「イエス」になるでしょう。

私個人としては、ウィトゲンシュタインが『哲学探究』を著した世界に生きるほうが、彼がのほほんと幸せな人生を送った世界に生きるよりよっぽどうれしいことです。もちろんここには他人と自分の違いがあり、私自身は、自分がウィトゲンシュタインの一読者であって、彼自身でなくてよかったと思っています。

けれども、ウィトゲンシュタインはいわば非常に極端な例です。

ほかにも、その人が幸福かどうかに関係なく、人間として立派な目的に身を捧げている点で、尊敬すべき人はたくさんいます。自ら任じた使命を果たすために、挫折も不幸せになる可能性をも厭わない人々です。しかし、完璧な幸せなどしょせん蜃気楼に過ぎないのだとすれば、これは申し分なくまっとうな行動だといえるでしょう。

幸福からは限られた利益しか得られないのだから、よき人生を形づくってくれるような目的意識や共同体、連帯感、真実、正義、美といった「蓄積」にも、手を広げていくべきです。この結論は、ポジティブ心理学やあらゆる自己啓発本、それに多くの宗教や社会運動の主張に通じるものです。けれども、ここにいくつか但し書きをつけておきましょう。

一つめは、先ほど述べたような意見は、賢明な忠告から倫理的お節介へとエスカレートしがちで、それは危険であること。心理学者が自分の生活で試す分には好きなだけ実行してもかまわないけれど、異なる価値観を持つからといって、他人をさげすんではならないのです。

心理学研究は一般的な原理を提示することができます。

完璧な幸せなど長く続かないこと、欲望は満たされてもすぐに慣れてしまうこと、自分にいくつもの顔を持てばうつ病の予防になること、などなど。そしてこれらは事実として知っておいて損はありません。

究極的には、人生の調停役はその人自身であり、たとえ小説の執筆やアマゾン探検といった困難な課題に興味を持てないからといって、恥や罪悪感を感じる必要はこれっぽっちもないのです。幸せを感じていられること、それは大事なことでこそあれ、決して非難されるべきものではありません。

但し書きの2点目として、心理学は、フロー体験や目的意識というものがウェルビーイングの重要な要素であるということはできても、どんな目的を持てばいいのか、フローはどこから得られるのかといった質問には、残念ながら答えることができません。それは誰もが自身の旅路において探るべき課題であり、その答えも一人ひとり違うものだからです。

幸福感は変わっていく

さて将来的に人々の幸福はどうなっていくのでしょう?

経済発展が進むことで、人類の幸福は完成されるでしょうか?

それを期待してはならない理由を、これまで嫌というほど見てきました。

幸福度の自己評価の平均は、最高値にはおよばないものの、すでにかなり高いものです。

幸福感の設計特徴——

・他者との比較が使われること
・すぐ既定値に戻る傾向があること
・多くは互いに無関係な行動がその源になっていること

これらのせいで、どんなに裕福になっても、確固たる幸福状態に到達できないのです。

前述のように、物質的な豊かさは飛躍的に向上したのに対し、幸福度の平均レベルは、過去半世紀ほど変化していません。今後も、社会全体の幸福度が向上する見込みはあまりなさそうです。それどころか逆の危険、つまり幸福度が下降してしまう恐れはないのでしょうか？

「古きよき時代のほうが人々は幸せだった」
「貧しいがゆえにこそ人生は豊かであったのだ」

などという考えに、人はつい惹かれるものですが、そこに何ら根拠があるわけではなく、ただの郷愁に過ぎません。幸福の平均レベルはさほど変わらないものの、不幸せな人々のあいだでは由々しき傾向が見られます。

たとえばうつ病をわずらう人の割合が、先進国ではここ数十年急増しているのです。

実は、ここには複雑な問題が隠れています。過去にもうつ病は蔓延していましたが、最近まではでは、多くの場合隠されていたか、社会的に許容される別の身体的症状として報告されていたからです。人々が以前より開放的になり、治療の副作用も減ってきたおかげで、より多くの人がうつ状態を医学的に治療しようとするようになりました。

ところが非常に信頼性の高い研究によって、うつ病の報告件数が増えただけでなく、患者の実数も増えていることがわかったのです。

ほかにもこの傾向を表しているデータがあります。ここ数十年、若年層の自殺が増加していますし、いまや少なくともアメリカでは平均寿命は過去最高なのに、1975年頃に比べても、人々の健康についての自己評価は下がっています。

この警戒すべき潮流をどう説明すればよいのでしょう?

充足感が得られる機会はおそらくかつてないほど増えているはずですが、同時に今は、感情的心理への圧力も非常に強くなってきています。

一つには、通信手段がグローバル化したせいで、より幅広い商品やより多くの比較対象が目に入るようになったからです。社会的地位をめぐる私たちの心理は、せいぜい数十人の小さな集団の中で知性、魅力、地位を争う生活に適応するよう、進化してきました。

今日では書籍、雑誌、テレビなどを通して、60億人の人口の世界で最も美しい人々、最も才能ある人々、最も成功している人々が、つねに目に入るようになりました。つまり、自分がいかに特別なことをやっても、それ以上にうまくやれる人が必ずどこかにいるということです。

体形、収入、キャリアなどをめぐって、人々が汲々（きゅうきゅう）とするのは無理もない話です。

社会における比較対象の広がりとともに、消費財のあふれる現状が、私たちの欲望の心理にますます拍車をかけています。

１９５０年代には、「生産性の向上がこのまま続くなら、２０００年紀の終わりには、平均労働時間が週16時間ですむ」とまじめに報告されたことがありました。いよいよ黄金の余暇（よか）時代が始まるのだ、と。

ところが現実はどうでしょう。

人々はより熱心に働き、生産活動も飛躍的に増大したのです。

「余暇の時代」を予測した社会学者たちは、人間が、快楽よりも欲望によって動かされていることを見抜けなかったのです。

パートタイムで働き、自分の生活を自分で律し、地域の活動に参加し、アクティブな趣味に没頭できる人のほうが、そうでない人よりも幸せなはずなのに、大部分の人はそうすることを選びません。むしろ「位置的」な心理に動かされて、あらゆる消費財を消費するために、ますます額に汗して働くのです。

それら消費財が幸福感を増してくれるわけではないことをすべての証拠が示していますが、他人に負けまいとする衝動はあまりに強いのです。

そしてロバート・フランクが論じたように、派手な消費主義につぎ込まれる莫大な額のお金は、もし位置的心理さえ克服できれば、膨大な資源として別の目的に使えたはずなのです。

この個人消費に関連しているのが、人々の行動パターンの変化です。

特にここ数十年のアメリカでの変化は、社会学者ロバート・パットナムの調査によって徹底的に裏づけられています。

第二次世界大戦以降、人々の地理的な行動範囲と通勤距離は飛躍的に広がりました。それと同時にボランティア組織、スポーツチーム、地域の集会などに参加する人数は確実に減少しました。近所の人を家に招待する習慣がすたれ、地域の行事で人と会う機会も減りました。

要するに、人々は労働とそのための通勤、そして家でテレビを見ることに、より多くの時間を割き、その他のこと、たとえばボーイスカウトやアマチュア楽団といった活動に割く時間が少なくなったのです。

パットナムは、こうした気軽な集まりへの参加機会を失うことは、すなわち市民生活を失うことだといいます。なぜならそれらの活動は、地域社会が活性化するのに必要な相互協力や情報交換の緩いネットワーク、彼が呼ぶところの「社会関係資本」を生み出すものだからです。

心理学的見地からすれば、この社会関係資本はストレスや孤立を防ぐ緩衝材のはたらきを持ち、だからこそ、それが失われてうつ病が増えてきたのは当然なのです。

最も重要なのは、社会関係資本が豊富な共同体においては、内部の人間がいくつもの「顔」を持っていることです。

たとえばある人は、ただの地元の弁護士というだけでなく、クリケットチームのコーチであり、親切な隣人であり、クリスマスパーティーではいつも歌を歌う人ということになります。この人がたとえ弁護士の仕事で挫折を味わったとしても、別の何マイルも遠くの事務所に通勤し家ではテレビを見るだけの弁護士に比べれば、衝撃が少なくてすむでしょう。

逆にその人の持つ顔の数が少なくなれば、関心の幅もせばまります。

毎年カリフォルニア大学ロサンゼルス校で行われる新入生対象の価値観調査が、このことを物語っています。

１９６６年には新入生の約６割が、いまの政情を把握することが非常に、あるいはかなり大切だと感じており、70年には約3割が、地域共同体の活動に参加することが非常に、あるいはかなり大切だと感じていました。ところが95年には、それぞれを大切だと考える学生が、政治については3割未満、共同体については2割未満に減っています。

一方で、経済的に豊かになることが非常に、あるいはかなり大切だと考える新入生は、1966年の44パーセントから、98年には75パーセントに増加しているのです。

物質主義が不満を生む元凶になり得ることはすでに見てきましたが、当世の若年層は、物質的な成功を求めるという狭い欲望に、過大なプレッシャーをかけているといえそうです。

慢性的な不幸せの危険が、特に現代において増している理由をもう一つあげるなら、それは、私たちの幸せへの期待が高くなりすぎたことでしょう。

世のすべての文化には幸せの概念があり、幸せを好ましいものと捉えている、と私は考えます。その意味で、幸せとはただの社会的構成物以上のものです。

ただし非常に貧しい社会、あるいは民族意識の高い社会は、個人主義がはびこる西欧諸国に比べて個人行動への制約が大きく、したがって、幸せの追求についての考え方も違ってきます。

畑や工場での労働しか与えられないような生活においては、個人は【レベル1】の幸福（たまたま起きた喜びの瞬間を味わうこと）か、【レベル3】の美徳（よき企業人、よき父親、よき隣人、よき長老になること）しか望めないはずです。

なぜなら、【レベル2】の幸福に必要な個人的活動の機会が制限されるからです。

けれども社会が豊かになったおかげで、いまや無数の職業を得るために、無数の方法や場所を求めて生きることが可能になりました。

このような自由は大きな進歩である一方で、選択肢が多いがために「隣の芝生は青い」可能性がつねにつきまとい、ひいては、どこかに完璧な幸せが眠っているはずだという期待を抱かせることになるのです。

自己啓発の文化も、そういう意味では、つねに有益とは限りません。誰もがいつでも至福や達成感を得られるのだという非現実的な期待を増大させてしまうからです。

それらの言葉は、よい刺激を与えるよう意図されているのですが、やはりそこには微妙に、「【レベル2】の意味での幸せを得られなければ、それは本人の責任だ」というメッセージが込められてしまうのです。

すべての道は山あり谷ありだし、すべての決断にはあちらを立てればこちらが立たずの側面があることを、それらのメッセージはきちんと伝えきれていません。

自分をとりまく事物への関心の幅が狭くなればなるほど、個人的体験における自分自身の能力への期待は当然ながら高まります。これは人間発達上の進歩ではありますが、一方で地に足のついた心がまえもまた、非常に大事なのです。

こういった大きな流れに対し、カウンターカルチャー的な動きが出てきていることも見逃せません。過当競争から身を引き、真に機能的なコミュニティーを探し求め、浪費を見直し、あえてシンプルな生活を選ぶ人が徐々に増えています。

パートタイムで働き、ボランティアや地域の活動に積極的に参加することは、個人のウェルビーイングにとって真にプラスになることが明らかになっています。社会はまだそのようなしくみにうまく対応できていませんが、この需要は高まる一方でしょう。

ロバート・フランクが述べたように、労働や消費には位置的な心理が働くので、私たちがみな同時に「せーの」で競争から手を引けば、相対的な位置を失う人はいないはずです。

当然ながら現実的にそれは難しいでしょうから、しばらくは、ほとんどの人が「欲しいもの」によって動かされる生活を送り、残りのほんの一握りの人が「好きなもの」を基本にした社会の隙間をこしらえようとする現状のまま、続いていくことでしょう。

あなた自身の幸福を手に入れる

幸せについてのこの短い考察を閉じるにあたり、幸せとは実際、究極の目的でもなければ唯一の美徳でもないということを述べておきましょう。

もちろん、ネガティブとポジティブの非対称性という問題はあります。

もしあなたが、積極的な意味で不幸せを感じているならば、何か手を打たなければなりません。強いネガティブ感情は、健康をむしばみ、他の物事に集中する気力をそぐからです。

一方、もしあなたが幸不幸のちょうど中間より少しでも上に位置していて、それでもなかなか最高の幸せに到達できないでいるとしても、「そんなものだ」と思うほうが賢明です。個人の感情を重視する文化において、このことを認めるのは容易ではないでしょう。

けれども逆説的ですが、より幅広いテーマに関心を向けることは、それ自体が有意義だというばかりでなく、幸せという尺度において不満を減らすという意味でも有益です。

時には自分の気持ちから目をそらしてみることです。

あなた自身が何か、価値がある、挑戦しがいがある、大切である、と思えるものに意識を集中させてみればいいのです。いくつもの美徳に向けて努力をすれば、それだけリスクを分散させることができ、生活も変化に富んだものになります。

そしてここにこそ、幸福物語の最後のひねりがあるのです。

これを実践すればいつの日か、幸せが音もなくあなたの元に来ていたことに気づくでしょう。

かつてナサニエル・ホーソーンが言ったように。

「幸せとは蝶のようなもの。
つかまえようとすると、手の届かないところへ飛んでいってしまうが、
こちらが腰をおろしてじっとしていれば、そっと羽を休めに来てくれる」

主な参照論文

【P060】Sources of joy: Scherer, Summerfield and Wallbott 1983; Argyle 1987, Chapter7.
【P062】Dime on the photocopier: Schwarz and Strack 1999.
【P063】Weather and life satisfaction study: Schwarz and Clore 1983.
【P066】Photographs of models and mate satisfaction: Kenrick, Gutierres and Goldberg 1989.
【P069】Lottery winners: Brickman, Coates and Janoff-Bulman 1978.
【P070】Mugs and the endowment effect: Kahneman, Knetsch and Thaler 1991.
【P071】Hands in cold water study: Kahneman, Frederickson, Schreiber and Redelmeier 1993.
【P106】Study of positive emotion and longevity in nuns: Danner, Snowden and Friesen 2001.
【P117】Studies of British civil servants: Bosma et al. 1997; Marmot et al. 1997; Marmot 2003.
【P118】The idea of adaptation: Brickman and Campbell 1971; Brickman, Coates and Janoff-Bulman 1978.
【P125】German study of marriage and life satisfaction: Lucas, Clark, Georgellis and Diener 2003.
【P129】Cosmetic surgery and satisfaction: Klassen, Jenkinson, Fitzpatrick, and Goodacre 1996.
【P222】Benaficial effects of writing: Pennebaker 1997; Burton and King 2004.

◎ 著者 ／ 監修者 ／ 訳者　略歴

Daniel Nettle (ダニエル・ネトル)

英国ニューカッスル大学生物心理学部進化・行動調査グループの心理学准教授。2004年まではオープンユニバーシティー心理学部および生物科学部を担当。ロンドン大学ユニバーシティーカレッジにて博士号取得。そのときのテーマは言語だったが、最近は人間の思想、行動、文化について幅広い関心を持ち、すべての分野で進化論的立場をとっている。現在の研究テーマは性格、感情、性差、精神障害など。著書は『パーソナリティを科学する―特性5因子であなたがわかる』(白揚社)、スザンヌ・ロメインとの共著『消えゆく言語たち――失われることば、失われる世界』(新曜社) ほか、雑誌記事や部分執筆など多数。

金森重樹 (かなもり・しげき)

東京大学法学部卒。25歳の時に1億2000万円の借金を負うも、マーケティングの技術を活用して35歳で完済 (著書『お金の味』に詳しい)。その後、行政書士として脱サラし、現在は不動産、ホテル、福祉事業など年商100億円の企業グループのオーナーになっている。本業以外にも個人で日本最大である2メガワットのメガソーラー発電所を宮古島に開設。また断糖高脂質食を広めるためにTwitterで情報発信を続け、2019年11月時点で8.2万人のフォロワーがいる。マーケティング業界でも著名。著書に『プロ法律家のビジネス成功術』(PHP研究所)、『借金の底なし沼で知ったお金の味』(大和書房)、『完全ガイド100%得をする「ふるさと納税」生活』(扶桑社) ほか、監訳書にベストセラー『自分の小さな「箱」から脱出する方法』(アービンジャー・インスティチュート著、大和書房)、『まさか!の高脂質食ダイエット』(グラント・ピーターセン著、きずな出版) など多数。

山岡万里子 (やまおか・まりこ)

国際基督教大学教養学部卒業。訳書にM・スタインバーグ『ユダヤ教の基本』(ミルトス)、J・モーガン『マティスを追いかけて』(アスペクト) などがある。D・バットストーン『告発・現代の人身売買―奴隷にされる女性と子ども』(朝日新聞出版) の翻訳を通して人身取引問題と出会い、2011年にノット・フォー・セール・ジャパンを立ち上げ、現代奴隷制問題の解決に向けて活動している。

幸福の意外な正体
―― なぜ私たちは「幸せ」を求めるのか

2020年2月15日　初版第1刷発行

著　者　ダニエル・ネトル
監訳者　金森重樹
訳　者　山岡万里子
発行者　櫻井秀勲
発行所　きずな出版
東京都新宿区白銀町1-13　〒162-0816
電話03-3260-0391　振替00160-2-6333551
http://www.kizuna-pub.jp/

ブックデザイン　福田和雄（FUKUDA DESIGN）
印　刷　モリモト印刷

ISBN978-4-86663-101-1